中华人民共和国行业标准

# 公路路基养护技术规范

Technical Specifications for Maintenance of Highway Subgrade

JTG 5150—2020

主编单位：交通运输部公路科学研究院
批准部门：中华人民共和国交通运输部
实施日期：2020 年 11 月 01 日

人民交通出版社股份有限公司
北　京

# 律师声明

本书所有文字、数据、图像、版式设计、插图等均受中华人民共和国宪法和著作权法保护。未经人民交通出版社股份有限公司同意，任何单位、组织、个人不得以任何方式对本作品进行全部或局部的复制、转载、出版或变相出版。

本书封面贴有配数字资源的正版图书二维码，扉页前加印有人民交通出版社股份有限公司专用防伪纸。任何侵犯本书权益的行为，人民交通出版社股份有限公司将依法追究其法律责任。

有奖举报电话：(010) 85285150

北京市星河律师事务所
2020 年 6 月 30 日

**图书在版编目（CIP）数据**

公路路基养护技术规范：JTG 5150—2020 / 交通运输部公路科学研究院主编. — 北京：人民交通出版社股份有限公司，2020.7

ISBN 978-7-114-16596-2

Ⅰ.①公… Ⅱ.①交… Ⅲ.①公路路基—公路养护—技术规范 Ⅳ.①U418.5-65

中国版本图书馆 CIP 数据核字（2020）第 090170 号

| | |
|---|---|
| 标准类型： | 中华人民共和国行业标准 |
| 标准名称： | 公路路基养护技术规范 |
| 标准编号： | JTG 5150—2020 |
| 主编单位： | 交通运输部公路科学研究院 |
| 责任编辑： | 丁　遥　周佳楠 |
| 责任校对： | 赵媛媛 |
| 责任印制： | 张　凯 |
| 出版发行： | 人民交通出版社股份有限公司 |
| 地　　址： | (100011) 北京市朝阳区安定门外外馆斜街 3 号 |
| 网　　址： | http://www.ccpcl.com.cn |
| 销售电话： | (010) 59757973 |
| 总 经 销： | 人民交通出版社股份有限公司发行部 |
| 经　　销： | 各地新华书店 |
| 印　　刷： | 北京市密东印刷有限公司 |
| 开　　本： | 880×1230　1/16 |
| 印　　张： | 5 |
| 字　　数： | 113 千 |
| 版　　次： | 2020 年 7 月　第 1 版 |
| 印　　次： | 2023 年 6 月　第 4 次印刷 |
| 书　　号： | ISBN 978-7-114-16596-2 |
| 定　　价： | 40.00 元 |

（有印刷、装订质量问题的图书，由本公司负责调换）

# 中华人民共和国交通运输部
# 公 告

第 55 号

## 交通运输部关于发布
## 《公路路基养护技术规范》的公告

现发布《公路路基养护技术规范》（JTG 5150—2020），作为公路工程行业标准，自 2020 年 11 月 1 日起施行。

《公路路基养护技术规范》（JTG 5150—2020）的管理权和解释权归交通运输部，日常管理和解释工作由主编单位交通运输部公路科学研究院负责。

请各有关单位注意在实践中总结经验，及时将发现的问题和修改建议函告交通运输部公路科学研究院（地址：北京海淀区地锦路 9 号，邮编：100088），以便修订时研用。

特此公告。

中华人民共和国交通运输部
2020 年 7 月 8 日

---

交通运输部办公厅　　　　　　　　　　　　　　　　2020 年 7 月 9 日印发

# 前 言

根据交通运输部《关于下达 2013 年度公路工程行业标准制修订项目计划的通知》(厅公路字〔2013〕169 号) 的要求，由交通运输部公路科学研究院作为主编单位承担《公路路基养护技术规范》(JTG 5150—2020) 的制定工作。

路基是承载路面结构的基础，路基病害的隐蔽性较强，其与路面病害的产生和发展相辅相成。由于我国幅员广阔，各地区地质、气候与交通条件千差万别，因此路基病害成因差异性较大。现阶段我国缺少专门针对路基养护的相关标准，无法指导路基的科学养护和规范管理。

本规范编制组系统梳理总结现有路基养护技术研究与工程应用成果，广泛征求意见，开展大量技术论证工作，对路基技术管理、路基状况调查与评定、日常养护、养护工程设计与技术要求等内容进行全面规定。制定后的规范包括 11 章和 1 个附录，分别是：1 总则，2 术语和符号，3 基本规定，4 路基状况调查与评定，5 路基日常养护，6 路基养护工程设计要求，7 路堤与路床病害处治，8 边坡病害处治，9 既有防护及支挡结构物病害处治，10 排水设施养护，11 特殊路基养护与病害处治，附录 A 路基病害调查与技术状况评定表。

本规范由王松根负责起草第 1、2、3 章，宋修广负责起草第 7 章，刘振清负责起草第 4 章和附录 A，弋晓明负责起草第 6 章，郭银涛负责起草第 5 章，胡文友、徐建东负责起草第 9 章，叶岩邦负责起草第 10 章，张宏博负责起草第 8 章，李林生、徐晓华、秦明负责起草第 11 章，广东省交通集团有限公司李海军和田卿燕参与起草第 4、8 章。

请各有关单位在执行过程中，将发现的问题和意见，函告本规范日常管理组，联系人：刘振清(地址：北京市海淀区地锦路 9 号，邮编：100088；电话：010-82364010，传真：010-62375021；电子邮箱：81985179@qq.com)，以便修订时参考。

主 编 单 位：交通运输部公路科学研究院
参 编 单 位：公路养护技术国家工程研究中心
　　　　　　山东大学
　　　　　　安徽省公路管理服务中心
　　　　　　福建省公路事业发展中心
　　　　　　广东省公路事务中心
　　　　　　吉林省高速公路管理局
　　　　　　贵州省公路局

主　　　编：王松根
主要参编人员：宋修广　刘振清　弋晓明　郭银涛　胡文友　叶岩邦
　　　　　　　张宏博　李林生　徐建东　徐晓华　秦　明

主　　　审：吴万平
参与审查人员：于　光　李　健　李春风　王众毅　董平如　吴立坚
　　　　　　　赵宝平　朱定勤　申爱琴　王常青　原金国　徐海清
　　　　　　　王家强　王学颖　毕玉峰　梁平安　刘　硕

# 目　次

- 1 总则 ····································································································· 1
- 2 术语和符号 ························································································· 2
  - 2.1 术语 ······························································································ 2
  - 2.2 符号 ······························································································ 4
- 3 基本规定 ····························································································· 5
  - 3.1 养护管理要求 ··············································································· 5
  - 3.2 养护质量要求 ··············································································· 6
  - 3.3 预防养护 ······················································································ 6
  - 3.4 修复养护 ······················································································ 7
  - 3.5 应急养护 ······················································································ 7
- 4 路基状况调查与评定 ·········································································· 8
  - 4.1 一般规定 ······················································································ 8
  - 4.2 路基病害类型 ··············································································· 8
  - 4.3 路基病害调查 ············································································· 10
  - 4.4 技术状况评定 ············································································· 11
  - 4.5 评定结果应用 ············································································· 13
- 5 路基日常养护 ··················································································· 15
  - 5.1 一般规定 ···················································································· 15
  - 5.2 日常巡查 ···················································································· 15
  - 5.3 日常保养 ···················································································· 16
  - 5.4 日常维修 ···················································································· 16
- 6 路基养护工程设计要求 ···································································· 17
  - 6.1 一般规定 ···················································································· 17
  - 6.2 数据采集与病害诊断 ································································· 17
  - 6.3 技术设计 ···················································································· 18
  - 6.4 施工图设计 ················································································ 18
- 7 路堤与路床病害处治 ········································································ 19
  - 7.1 一般规定 ···················································································· 19
  - 7.2 换填改良 ···················································································· 19
  - 7.3 注浆 ···························································································· 20
  - 7.4 钢管抗滑桩 ················································································ 21

| | | |
|---|---|---|
| 7.5 | 复合地基 | 21 |
| **8** | **边坡病害处治** | **23** |
| 8.1 | 一般规定 | 23 |
| 8.2 | 坡面防护 | 23 |
| 8.3 | 沿河路基防护 | 24 |
| 8.4 | 挡土墙 | 25 |
| 8.5 | 锚固 | 26 |
| 8.6 | 钢筋混凝土抗滑桩 | 27 |
| 8.7 | 削方减载 | 27 |
| 8.8 | 堆载反压 | 28 |
| **9** | **既有防护及支挡结构物病害处治** | **29** |
| 9.1 | 一般规定 | 29 |
| 9.2 | 既有防护工程 | 29 |
| 9.3 | 既有挡土墙 | 30 |
| 9.4 | 既有锚固结构 | 31 |
| 9.5 | 既有抗滑桩 | 32 |
| **10** | **排水设施养护** | **33** |
| 10.1 | 一般规定 | 33 |
| 10.2 | 地表排水设施养护 | 33 |
| 10.3 | 地下排水设施养护 | 34 |
| **11** | **特殊路基养护与病害处治** | **36** |
| 11.1 | 一般规定 | 36 |
| 11.2 | 软土路基 | 36 |
| 11.3 | 膨胀土路基 | 37 |
| 11.4 | 湿陷性黄土路基 | 38 |
| 11.5 | 盐渍土路基 | 39 |
| 11.6 | 岩溶区路基 | 39 |
| 11.7 | 冻土路基 | 40 |
| 11.8 | 雪害地段路基 | 41 |
| 11.9 | 风沙及沙漠地区路基 | 43 |
| 11.10 | 涎流冰地段路基 | 44 |
| **附录 A** | **路基病害调查与技术状况评定表** | **45** |
| **本规范用词用语说明** | | **49** |
| **附件 《公路路基养护技术规范》(JTG 5150—2020)条文说明** | | **51** |
| 3 | 基本规定 | 53 |
| 4 | 路基状况调查与评定 | 55 |

6 路基养护工程设计要求 …………………………………………… 56
7 路堤与路床病害处治 ……………………………………………… 57
8 边坡病害处治 ……………………………………………………… 61
9 既有防护及支挡结构物病害处治 ………………………………… 63
10 排水设施养护 …………………………………………………… 66
11 特殊路基养护与病害处治 ……………………………………… 67

# 1 总则

**1.0.1** 为提高公路路基养护管理与技术水平，规范路基养护工作，保证路基日常养护和养护工程质量，提升路基安全运行水平，制定本规范。

**1.0.2** 本规范适用于各等级公路的路基养护。

**1.0.3** 公路路基养护应遵循规范管理、安全运行、预防为主、防治结合、因地制宜、经济适用、节约资源、保护环境的原则，并应符合下列要求：
 1 应逐步建立路基管理系统，加强路基运营的动态管理，建立健全安全运行保障制度。
 2 应加强路基技术状况的检测与评定，推进预防养护工作，及时对路基病害进行养护处治。
 3 结合各地区实际情况及路基病害特点，应选用安全、耐久、经济、适用的养护技术，并积极稳妥采用新技术、新材料、新工艺和新设备。
 4 宜充分考虑自然环境和地质条件，采取工程防治、植物防护及两者相结合的措施，并注重节能环保技术应用和材料循环利用。

**1.0.4** 公路路基养护除应符合本规范的规定外，尚应符合国家和行业现行有关标准的规定。

# 2 术语和符号

## 2.1 术语

**2.1.1** 预防养护　preventive maintenance

对存在病害隐患、暂未影响正常运营的路基及其附属结构物，以预防病害隐患过快发展、提高安全运行为目标，进行的主动性养护工程。

**2.1.2** 修复养护　corrective maintenance

在路基出现明显病害或部分丧失服务功能的情况下，以恢复良好的路基状况为目标，进行的维修加固性养护工程。

**2.1.3** 专项养护　special maintenance

为恢复、保持或提升路基服务功能而集中实施的路基维修、加固、专项处治、灾后恢复等养护工程。

**2.1.4** 应急养护　emergency maintenance

在突发情况下路基严重损坏或损毁，并危及或已造成交通中断，以快速恢复安全通行能力为目标进行的应急性抢通、保通和抢修养护工程。

**2.1.5** 路基管理系统　system of subgrade maintenance

由路基基础资料及运营期间采集的日常巡查、检测评定、安全性评估、养护处治等数据、图片及相关资料形成的数据库及其运行管理模块。

**2.1.6** 路基技术状况指数　subgrade condition index(SCI)

表征路基完好程度的指数。

**2.1.7** 路肩技术状况指数　verge of subgrade condition index(VSCI)

表征路肩完好程度的指数。

**2.1.8** 路堤与路床技术状况指数　embankment and roadbed of subgrade condition index(ESCI)

表征路堤与路床完好程度的指数。

**2.1.9** 边坡技术状况指数　slope of subgrade condition index(SSCI)
表征边坡完好程度的指数。

**2.1.10** 既有防护及支挡结构物技术状况指数　shelter and retaining structure of subgrade condition index(RSCI)
表征既有防护及支挡结构物完好程度的指数。

**2.1.11** 排水设施技术状况指数　drainage of subgrade facility condition index(DSCI)
表征排水设施完好程度的指数。

**2.1.12** 碎落崩塌　debris avalanche
因岩体风化、破碎较严重而时常发生的小块岩石下落。

**2.1.13** 坡面防护　slope protection
为了防止路基坡面冲刷、碎落、坍塌等病害而采取的防护措施。

**2.1.14** 支挡结构物　protection retaining structure
对路基进行加固或支挡，以抵抗路基土压力或下滑力作用的结构物。

**2.1.15** 排水设施　drainage facility
用于拦截、汇集、输送、排放地表水或地下水的各种设施。

**2.1.16** 路基冻胀　subgrade frost expansion
因土中水的冻结和冰体增长引起的路基土体膨胀、地表不均匀隆起等。

**2.1.17** 路基盐胀　subgrade salt expansion
盐渍土路基因温度或含水率变化而产生的土体体积增大现象。

**2.1.18** 路基岩溶　subgrade in karst
水对可溶性岩层长期溶蚀、侵蚀而形成的各种地质现象和形态的总称。

**2.1.19** 路基水毁　subgrade water damage
由于降水等原因造成路基设施的损毁。

## 2.2 符号

$N_t$——锚杆张拉的轴向拉力设计值；
$d$——钢筋直径。

# 3 基本规定

## 3.1 养护管理要求

**3.1.1** 路基养护应包括日常养护和养护工程。日常养护应包括日常巡查、日常保养和日常维修；养护工程应包括预防养护、修复养护、专项养护和应急养护。

**3.1.2** 路基养护工作对象应包括公路用地范围内的路肩、路堤与路床、边坡、既有防护及支挡结构物、排水设施、特殊路基等。

**3.1.3** 路基养护工作内容应包括路况调查与评定、养护决策、日常养护、养护工程设计、养护工程施工、养护工程质量验收、跟踪观测和技术管理。

**3.1.4** 路况调查与评定应包括病害调查、技术状况评定、安全性评估等内容。应定期进行路基病害调查、技术状况检测与评定，并对存在较大病害隐患路基的安全性进行评估。

**3.1.5** 应结合公路信息化建设，建立健全路基管理系统，并及时更新路基基础资料、检测评定与定点监测数据、安全性评估结果等信息。

**3.1.6** 应按公路养护科学决策的工作制度与方法，编制路基养护规划与年度计划。

**3.1.7** 路基日常维修、预防养护、修复养护和专项养护应加强质量管理，严格施工过程质量控制，落实日常养护考核和养护工程验收制度。

**3.1.8** 养护工程验收质量检验评定标准应符合公路养护工程质量检验评定的有关规定。

**3.1.9** 路基日常维修、预防养护、修复养护和专项养护宜进行跟踪观测，综合评判实施效果，并做好技术总结。

**3.1.10** 路基养护工作内容实施过程的技术档案应进行管理与归档。

**3.1.11** 路基养护作业安全应符合现行《公路养护安全作业规程》(JTG H30)和《公路工程施工安全技术规范》(JTG F90)的有关规定。

## 3.2 养护质量要求

**3.2.1** 路肩养护应满足下列质量要求：
1 表面密实平整、清洁、无杂物、无杂草。
2 路肩宽度符合设计要求，边缘顺直、无缺损。
3 横坡符合设计要求，与路面衔接平顺，不阻挡路面排水。
4 路缘石完好、无缺损。

**3.2.2** 路堤与路床养护应满足下列质量要求：
1 无明显不均匀沉陷。
2 无开裂滑移。
3 无冻胀、无翻浆。

**3.2.3** 边坡养护应满足下列质量要求：
1 坡面平整，无冲沟、无松散、无杂物。
2 坡度符合设计要求。
3 边坡稳定。

**3.2.4** 既有防护及支挡结构物养护应满足下列质量要求：
1 无沉陷、无开裂、无移位，沉降缝、伸缩缝完好。
2 表面平整、无脱空。
3 排水孔无堵塞、无损坏。

**3.2.5** 排水设施养护应满足下列质量要求：
1 无杂物、无淤塞、无冲刷。
2 纵坡适度、排水畅通。
3 进出口状况完好、无积水。

## 3.3 预防养护

**3.3.1** 应贯彻路基预防养护理念，遵循"预防为主、主动施策"的原则。

**3.3.2** 对路基存在病害隐患的路段应实施定点观测或监测，及时掌握病害发展趋势，并根据定点观测或监测结果，确定预防养护时机。

**3.3.3** 应在确定预防养护时机的基础上，根据路基病害隐患特点及发展趋势等，确定预防养护措施。

**3.3.4** 应按本规范第6章的有关规定，对路基预防养护工程进行一阶段施工图设计。技术简单的预防养护工程可采用技术方案设计，并按技术方案组织实施。

## 3.4 修复养护

**3.4.1** 应及时对路基病害进行维修加固，实施修复养护工程。

**3.4.2** 应按本规范第6章的有关规定，对路基修复养护工程进行一阶段施工图设计，或技术设计和施工图设计两阶段设计。

## 3.5 应急养护

**3.5.1** 应遵循快速反应、有效抢险、及时处治、保障安全的原则，制订路基应急抢险预案，建立应急抢险工作机制，合理配备应急抢险队伍、设备、物资等。

**3.5.2** 对存在重大病害隐患的路基，应加强监测，及时预警，并增设相应的交通安全警示标志。

**3.5.3** 对影响交通安全的突发性灾害路段，应启动应急预案，及时开展应急抢通、保通和抢修工作，安排灾后修复养护工程。

**3.5.4** 实施应急养护时，应设置交通安全设施；需中断交通的，应合理采取分流措施。

**3.5.5** 应急抢通、保通和抢修工程的先期临时方案，应与后期修复养护工程方案相结合。

# 4 路基状况调查与评定

## 4.1 一般规定

**4.1.1** 应每年组织一次公路网级路基技术状况指数 SCI 调查与评定。

**4.1.2** 根据路基日常巡查记录和病害定点监测结果，宜每季度或半年组织一次用于指导日常养护的路基技术状况指数 SCI 评价。

**4.1.3** 对于雪害、风沙、涎流冰等特殊路基病害，应根据实际情况做好调查记录。调查结果可不参与路基技术状况评定，但可作为养护计划安排依据。

**4.1.4** 公路路基技术状况应用路基技术状况指数 SCI 及其分项指标表示，路基技术状况指数 SCI 及其分项指标的值域为 0~100。

**4.1.5** 公路路基技术状况应分为"优、良、中、次、差"五个等级。路基技术状况等级划分标准应符合表 4.1.5 的规定。

表 4.1.5 公路路基技术状况等级划分标准

| 评价指标 | 评定等级 | | | | |
|---|---|---|---|---|---|
| | 优 | 良 | 中 | 次 | 差 |
| SCI | ≥90 | ≥80，<90 | ≥70，<80 | ≥60，<70 | <60 |
| VSCI、ESCI、SSCI、RSCI、DSCI | ≥90 | ≥80，<90 | ≥70，<80 | ≥60，<70 | <60 |

## 4.2 路基病害类型

**4.2.1** 路基病害可分为路肩病害、路堤与路床病害、边坡病害、既有防护及支挡结构物病害、排水设施病害五类。

**4.2.2** 路肩病害可分为路肩或路缘石缺损、阻挡路面排水、路肩不洁三类：

1 路肩或路缘石缺损，指路肩一侧宽度小于设计宽度10cm及10cm以上，路肩出现20cm×10cm(长度×宽度)以上的缺口，路缘石丢失、损坏、倾倒或路缘石与路面脱离透水等。

2 阻挡路面排水，指路肩高于路面，造成路面排水不畅。

3 路肩不洁，指路肩有堆积杂物、未经修剪且高于15cm的杂草。

**4.2.3** 路堤与路床病害可分为杂物堆积、不均匀沉降、开裂滑移、冻胀翻浆四类：

1 杂物堆积，指人为倾倒的垃圾和秸秆等杂物的堆积。

2 不均匀沉降，指路基出现大于4cm的差异沉降，或大于5cm/m的局部沉陷。

3 开裂滑移，指沿路基纵向出现弧形开裂，路基产生侧向滑动趋势。

4 冻胀翻浆，指季节性冰冻引起的路面隆起、变形，春融或多雨地区的路基在行车荷载作用下造成路面变形、破裂、冒浆等。

**4.2.4** 边坡病害可分为坡面冲刷、碎落崩塌、局部坍塌、滑坡四类：

1 坡面冲刷，指由雨水冲刷坡面形成深度10cm以上的沟槽(含坡脚缺口)。

2 碎落崩塌，指路堑边坡因表层风化等产生的碎石滚落、局部崩塌等。

3 局部坍塌，指因边坡表面松散破碎或雨水冲刷而引起的坡面滑塌。

4 滑坡，指边坡发生整体剪切破坏引起的坡体下滑，或有明显水平位移。

**4.2.5** 既有防护及支挡结构物病害可分为表观破损、排(泄)水孔淤塞、局部损坏、结构失稳四类：

1 表观破损，指勾缝或沉降缝损坏、表面破损、钢筋外露和锈蚀等。

2 排(泄)水孔淤塞，指排(泄)水孔被杂物堵塞，造成排水不畅。

3 局部损坏，指局部出现的基础淘空、墙体脱空、脱落、鼓肚、轻度裂缝、下沉等。

4 结构失稳，指结构物整体出现的开裂、倾斜、滑移、倒塌等。

**4.2.6** 排水设施病害可分为排水设施堵塞、排水设施损坏、排水设施不完善三类：

1 排水设施堵塞，指排水设施内有杂物、垃圾、淤积等，造成排水不畅或设施堵塞。

2 排水设施损坏，指排水设施出现勾缝严重脱落，排水沟、截水沟、急流槽等设施破损。

3 排水设施不完善，指排水设施缺失、未与外部排水系统有效衔接，造成排水不畅通。

## 4.3 路基病害调查

**4.3.1** 路基病害调查应以 1 000m 路段长度为一个基本单元，不足 1 000m 按一个基本单元计，并对上、下行方向分别调查，与路面技术状况病害调查的基本单元划分相一致。

**4.3.2** 路基病害调查可采用人工调查与设备检测相结合的方式，采集路基病害信息。

**4.3.3** 应根据路基病害调查结果，按表 4.3.3 的规定进行扣分。

**表 4.3.3 路基病害扣分标准**

| 序 号 | 分 项 | 病害名称 | 扣分标准 | 备 注 |
|---|---|---|---|---|
| 1 | 路肩 | 路肩或路缘石缺损 | 5 | 每 20m 为一处，不足 20m 按一处计 |
| 2 | | 阻挡路面排水 | 10 | |
| 3 | | 路肩不洁 | 2 | |
| 4 | 路堤与路床 | 杂物堆积 | 5 | 每 20m 为一处，不足 20m 按一处计 |
| 5 | | 不均匀沉降 | 20 | |
| 6 | | *开裂滑移 | 50 | |
| 7 | | 冻胀翻浆 | 20 | |
| 8 | 边坡 | 坡面冲刷 | 5 | 每 20m 为一处，不足 20m 按一处计，当边坡高度超过 20m 时，扣分加倍。当岩质边坡或黄土路基边坡出现局部碎落崩塌后，坡面形成坑洞、缺陷等，但不影响路基边坡整体稳定和通行安全的，可不扣分 |
| 9 | | 碎落崩塌 | 20 | |
| 10 | | *局部坍塌 | 50 | 有滑塌或有明显安全隐患的计为一处，当边坡高度超过 20m 时，扣分加倍 |
| 11 | | *滑坡 | 100 | — |
| 12 | 既有防护及支挡结构物 | 表观破损 | 10 | 每 20m 为一处，不足 20m 按一处计 |
| 13 | | 排（泄）水孔淤塞 | 20 | 以构造物伸缩缝（含沉降缝）为自然段落，30% 及 30% 以上排水孔出现排水不畅计为一处 |
| 14 | | 局部损坏 | 20 | 每 20m 为一处，不足 20m 按一处计 |
| 15 | | *结构失稳 | 100 | 按既有防护及支挡结构物单独评价 |

表4.3.3(续)

| 序 号 | 分 项 | 病害名称 | 扣分标准 | 备 注 |
|---|---|---|---|---|
| 16 | 排水设施 | 排水设施堵塞(含涵洞) | 5 | 每20m为一处,不足20m按一处计,独立涵洞计为一处 |
| 17 | | 排水设施损坏(不含涵洞) | 10 | |
| 18 | | 排水设施不完善 | 0 | — |

注:1. 按照表中每种病害的单项扣分,扣完100分为止。
  2. 若路基结构物缺少分项,不扣分。
  3. 表中长度是指沿路线方向的长度,"每20m为一处,不足20m按一处计"是指若某种病害在一处计量单元中存在若干不连续的现象,统一按一处计。
  4. 同一位置同时存在两种及两种以上病害时,按各自病害分项分别扣分。
  5. 对于标"*"的病害,按本规范第4.4.9条的有关规定执行。
  6. 病害为排水设施不完善,在进行路基技术状况评定时不扣分,仅作为安排路基养护计划的依据。

**4.3.4** 路基病害定点监测应符合下列规定:

  **1** 对存在较大病害隐患的路段,应根据需求安设监测设备,采用测量仪器、探测工具等定期采集路基相关数据信息,对路基病害的发生原因和发展趋势进行判断。

  **2** 路基病害监测的主要内容应包括路基沉降量、边坡侧向位移量及裂缝宽度、既有防护及支挡结构物的裂缝宽度及位移。

## 4.4 技术状况评定

**4.4.1** 路基技术状况评定应以1 000m路段长度为一个基本单元,不足1 000m按一个基本单元计,与路基病害调查的基本单元划分相一致。

**4.4.2** 路基技术状况指数SCI应按式(4.4.2)计算。

$$SCI = VSCI \cdot \omega_V + ESCI \cdot \omega_E + SSCI \cdot \omega_S + RSCI \cdot \omega_R + DSCI \cdot \omega_D \quad (4.4.2)$$

式中:VSCI——路肩技术状况指数;
   ESCI——路堤与路床技术状况指数;
   SSCI——边坡技术状况指数;
   RSCI——既有防护及支挡结构物技术状况指数;
   DSCI——排水设施技术状况指数;
   $\omega_V$——VSCI在SCI中的权重,取值为0.1;
   $\omega_E$——ESCI在SCI中的权重,取值为0.2;
   $\omega_S$——SSCI在SCI中的权重,取值为0.25;
   $\omega_R$——RSCI在SCI中的权重,取值为0.25;
   $\omega_D$——DSCI在SCI中的权重,取值为0.2。

**4.4.3** 路肩技术状况指数 VSCI 应按式(4.4.3)计算。

$$\text{VSCI} = 100 - \sum(\text{GD}_{iV} \cdot \omega_{iV}) \tag{4.4.3}$$

式中：$\text{GD}_{iV}$——第 $i$ 类路肩病害的总扣分，按表4.3.3的规定执行；

$\omega_{iV}$——第 $i$ 类路肩病害的权重，按表4.4.3取值。

**表4.4.3 路肩病害权重**

| 病害名称 | 路肩或路缘石缺损 | 阻挡路面排水 | 路肩不洁 |
|---|---|---|---|
| 权重 | 0.4 | 0.4 | 0.2 |

**4.4.4** 路堤与路床技术状况指数 ESCI 应按式(4.4.4)计算。

$$\text{ESCI} = 100 - \sum(\text{GD}_{iE} \cdot \omega_{iE}) \tag{4.4.4}$$

式中：$\text{GD}_{iE}$——第 $i$ 类路堤与路床病害的总扣分，按表4.3.3的规定执行；

$\omega_{iE}$——第 $i$ 类路堤与路床病害的权重，按表4.4.4取值。

**表4.4.4 路堤与路床病害权重**

| 病害名称 | 杂物堆积 | 不均匀沉降 | 开裂滑移 | 冻胀翻浆 |
|---|---|---|---|---|
| 权重 | 0.2 | 0.3 | 0.3 | 0.2 |

**4.4.5** 边坡技术状况指数 SSCI 应按式(4.4.5)计算。

$$\text{SSCI} = 100 - \sum(\text{GD}_{iS} \cdot \omega_{iS}) \tag{4.4.5}$$

式中：$\text{GD}_{iS}$——第 $i$ 类边坡病害的总扣分，按表4.3.3的规定执行；

$\omega_{iS}$——第 $i$ 类边坡病害的权重，按表4.4.5取值。

**表4.4.5 边坡病害权重**

| 病害名称 | 坡面冲刷 | 碎落崩塌 | 局部坍塌 | 滑坡 |
|---|---|---|---|---|
| 权重 | 0.2 | 0.25 | 0.25 | 0.3 |

**4.4.6** 既有防护及支挡结构物技术状况指数 RSCI 应按式(4.4.6)计算。

$$\text{RSCI} = 100 - \sum(\text{GD}_{iR} \cdot \omega_{iR}) \tag{4.4.6}$$

式中：$\text{GD}_{iR}$——第 $i$ 类既有防护及支挡结构物病害的总扣分，按表4.3.3的规定执行；

$\omega_{iR}$——第 $i$ 类既有防护及支挡结构物病害的权重，按表4.4.6取值。

**表4.4.6 既有防护及支挡结构物病害权重**

| 病害名称 | 表观破损 | 排(泄)水孔淤塞 | 局部损坏 | 结构失稳 |
|---|---|---|---|---|
| 权重 | 0.1 | 0.2 | 0.3 | 0.4 |

**4.4.7** 排水设施技术状况指数 DSCI 应按式(4.4.7)计算。

$$\text{DSCI} = 100 - \sum(\text{GD}_{iD} \cdot \omega_{iD}) \tag{4.4.7}$$

式中：$\text{GD}_{iD}$——第 $i$ 类排水设施病害的总扣分，按表4.3.3的规定执行；

$\omega_{iD}$——第 $i$ 类排水设施病害的权重,按表 4.4.7 取值。

表 4.4.7 排水设施病害权重

| 病害名称 | 排水设施堵塞 | 排水设施损坏 | 排水设施不完善 |
|---|---|---|---|
| 权重 | 0.5 | 0.5 | 0 |

**4.4.8** 高速公路、一级公路应按上、下行方向分别计算路基技术状况指数 SCI；二级及二级以下公路应按上、下行方向分别计算路基技术状况指数 SCI，并以较低路基技术状况指数 SCI 作为该评定单元的评定结果；分离式路基应按两条独立路线分别计算路基技术状况指数 SCI。

**4.4.9** 当出现表 4.3.3 中标有"*"的路基病害时，应根据实际情况进行分析判断。该病害影响正常通行或威胁交通安全时，该评定单元的路基技术状况指数 SCI 按 0 分计。

**4.4.10** 路基病害调查与技术状况评定应按本规范附录 A 进行。

## 4.5 评定结果应用

**4.5.1** 应根据公路网级路基技术状况指数 SCI 的评定结果，编制公路网级路基养护规划与年度计划。

**4.5.2** 应根据路基技术状况指数 SCI 各分项指标的评价结果，制订具体路段的路基养护对策、日常养护生产计划和养护工程计划。

**4.5.3** 路基养护对策应根据路基技术状况评定结果、养护工作对象与内容，以及病害处治类型，并按表 4.5.3 进行选择。对于路基某一养护工作对象与内容，存在两个或两个以上对策可供选择时，应根据实际情况选择其一。

表 4.5.3 路基养护对策

| 养护工作对象与内容 | | 日常养护 | | 养护工程 | | | |
|---|---|---|---|---|---|---|---|
| | | 日常保养 | 日常维修 | 预防养护 | 修复养护 | 应急养护 | |
| | | | | | | 抢通保通 | 应急修复 |
| 路肩 | 路肩清扫 | √ | — | — | — | — | — |
| | 路肩整修 | √ | √ | — | √ | — | — |
| | 路缘石维修 | √ | √ | — | √ | — | — |
| 路堤与路床 | 沉降处治 | — | — | √ | √ | √ | √ |
| | 开裂滑移处治 | — | — | √ | √ | √ | √ |
| | 冻胀翻浆处治 | — | — | √ | √ | — | — |
| | 桥头跳车处治 | — | — | √ | √ | — | — |

表 4.5.3(续)

| 养护工作对象与内容 | | 日常养护 | | 养护工程 | | | |
|---|---|---|---|---|---|---|---|
| | | 日常保养 | 日常维修 | 预防养护 | 修复养护 | 应急养护 | |
| | | | | | | 抢通保通 | 应急修复 |
| 边坡 | 坡面防护 | √ | √ | √ | √ | — | — |
| | 碎落崩塌处治 | √ | √ | √ | √ | √ | — |
| | 局部坍塌处治 | — | √ | √ | √ | √ | — |
| | 滑坡处治 | — | — | — | √ | √ | √ |
| 既有防护及支挡结构物 | 表观破损处治 | — | √ | — | √ | — | — |
| | 排(泄)水孔淤塞处治 | √ | √ | — | √ | — | — |
| | 局部损坏修复 | — | — | √ | √ | — | — |
| | 结构失稳加固 | — | — | — | √ | — | √ |
| 排水设施 | 排水设施疏通 | √ | √ | — | √ | — | — |
| | 排水设施修复 | — | √ | √ | √ | — | — |
| | 排水设施增设 | — | — | √ | √ | — | — |

**4.5.4** 对路基技术状况指数 SCI 为 0 的路段,应及时采取应急养护措施,并应按本规范第 3.5.4 条的有关规定执行。

# 5 路基日常养护

## 5.1 一般规定

**5.1.1** 应编制路基的日常养护年度计划，并根据养护质量要求及路基状况调查结果确定日常养护工作内容。

**5.1.2** 路基日常养护应及时做好工作记录，包括作业时间、作业内容、作业人员、完成的工作量等内容。

**5.1.3** 应提倡和鼓励使用机械设备开展养护作业，提升路基日常养护机械化水平。

## 5.2 日常巡查

**5.2.1** 应在公路养护日常巡查工作制度中明确路基日常巡查工作内容。

**5.2.2** 路基的日常巡查可分为一般巡查和专项巡查。

**5.2.3** 路基的一般巡查频率每周不宜少于一次，遇特殊气候、突发灾害等情况，应适当增加巡查频率。一般巡查可用目测方式，也可用目测与量测相结合的方式，应包括下列主要工作内容：
  1 检查路肩是否存在缺损、阻挡排水，是否存在杂草、杂物。
  2 检查路堤是否存在杂物堆积，是否存在沉陷、冻胀翻浆。
  3 目测边坡是否存在冲刷、缺口，坡面是否存在杂草、杂物，坡体是否存在松动、碎落崩塌、局部坍塌。
  4 检查既有防护及支挡结构物是否存在表面破损、勾缝脱落、杂草、杂物，是否存在排(泄)水孔堵塞，是否存在局部损坏。
  5 查看排水设施是否存在堵塞、破损等。

**5.2.4** 路基的专项巡查应主要对高边坡、既有防护及支挡结构物、排水设施等的病害进行实地察看与量测，做好路基专项巡查记录，并应符合下列规定：
  1 路基的专项巡查应在年度公路网级的路基技术状况调查基础上，每半年进行一次。

2 对最近一次路基技术状况指数 SCI 或任一分项指标评定为"次、差"的路段，其专项巡查频率每月不得少于一次。

**5.2.5** 路基专项巡查应包括下列主要工作内容：

1 查看边坡坡顶和坡面是否存在裂缝以及裂缝的发展情况；边坡坡面是否存在岩体风化松散、局部坍塌、滑坡。

2 检查既有防护及支挡结构物是否存在结构变形、滑移、开裂；基础是否存在积水、冲刷、空洞等。

3 查看排水设施的排水是否通畅、有效，是否损坏、不完善。

## 5.3 日常保养

**5.3.1** 路基日常保养应包括下列主要工作内容：

1 整理路肩，修剪路肩杂草，清除路肩杂物。
2 整理坡面，缺口培土，修剪坡面杂草，清除坡面杂物。
3 清除护坡、支挡结构物上的杂物，疏通排（泄）水孔。
4 清理绿化平台、碎落台上的杂物。
5 疏通边沟、截水沟、集水井、泄水槽等排水设施。
6 修整中央分隔带路缘石，清除杂物、杂草，清理排水通道。

## 5.4 日常维修

**5.4.1** 应根据路基技术状况评定与日常巡查记录结果，按月度或季度编制日常维修工作计划。

**5.4.2** 日常维修应包括下列主要工作内容：

1 修补路基缺口，整修路缘石，修整路肩坡度，处理路肩的轻微病害。
2 清理边坡零星塌方，修补坡面冲沟，修理砌石护坡、防护网、绿植等坡面防护工程的局部损坏。
3 修理既有防护及支挡结构物的表观破损和轻微的局部损坏。
4 整修绿化平台、碎落台。
5 修理局部开挖边沟、截水沟等，铺砌、修复排水设施等。

# 6 路基养护工程设计要求

## 6.1 一般规定

**6.1.1** 路基预防养护、修复养护和应急养护中涉及维修加固作业的工程，应进行养护工程设计。

**6.1.2** 路基养护工程设计宜采用施工图一阶段设计；对于技术特别复杂的，可采用技术设计和施工图设计两阶段设计。路基养护工程设计宜按数据采集、病害诊断、技术设计和施工图设计的基本流程进行。

**6.1.3** 路基养护工程设计应综合考虑路面现状、交通运行等因素，优先选用对路面损坏小和交通干扰少的技术方案。

**6.1.4** 路基养护工程设计应根据施工过程的现场实际，遵循动态设计原则，及时进行优化设计。

**6.1.5** 路基养护工程设计应符合本规范有关规定，并按现行《公路路基设计规范》（JTG D30)等的有关规定进行设计。

## 6.2 数据采集与病害诊断

**6.2.1** 数据采集应包括下列数据：
1 路基主体基本情况，路线信息，沿线地质水文、地形地貌、气象、地震、交通状况、材料供应、施工能力等基础数据。
2 原设计文件、交竣工资料、养护历史信息和当地病害防治经验等详细数据。
3 定期检测、技术状况评定、定点监测与评价获得的相关数据。
4 不同病害类型的数量、位置、程度等，以及通过现场测试和室内试验采集到的相关物理、力学指标参数等专项检测数据。

**6.2.2** 应根据前期采集的各项数据，进一步确定设计对象的病害位置、病害类型与程度、数量等，综合分析判断其主要病害。

**6.2.3** 应结合地质、气候、荷载条件和力学分析结果，确定主要病害产生的原因，出具病害分析报告，提出养护对策。

**6.2.4** 特殊路基病害路段的养护工程，应进行地质勘测与检测，查明特殊地质岩土的性质、成因类型、规模、稳定状况及发展趋势；特殊路基养护工程设计所需要的物理力学参数，宜采用原位测试的数据，并结合室内试验资料综合分析确定。

## 6.3 技术设计

**6.3.1** 应根据路基的技术状况评定结果及病害特点，明确路基养护需求和设计目标。

**6.3.2** 应根据病害原因分析结果，结合当地病害处治经验，提出两种或两种以上处治技术方案，并注重多项处治技术的组合应用。

**6.3.3** 应从处治效果评估、经济性分析、环境影响评价等方面，对设计对象处治方案进行比选，优选安全可靠、经济适用、节能环保、便于施工的处治技术方案。

**6.3.4** 对高边坡、重要既有防护及支挡结构物、特殊路基处治等工程规模大、技术难度高的养护工程设计方案，应增加专项论证程序。

## 6.4 施工图设计

**6.4.1** 应对确定的处治方案进行结构、材料、参数设计，并进行结构强度和稳定性验算。

**6.4.2** 应明确路基病害处治方案的施工工艺与质量控制要求。

**6.4.3** 应按有关规定编制设计对象的施工图设计文件，其基本内容应包括总体设计、设计图表、施工材料、施工工艺、质量控制、施工组织、工程预算等。

# 7 路堤与路床病害处治

## 7.1 一般规定

**7.1.1** 路堤与路床病害处治范围应包括填方和半填半挖路基、挖方段的路床区及地基。

**7.1.2** 当出现不均匀沉降、开裂滑移、冻胀翻浆等病害时，应及时采取相应的技术措施进行维修加固。

**7.1.3** 应根据路堤与路床的土质条件、地下水类型及埋藏深度、降水量、加固材料来源、施工可行性等，经比选后确定合理的养护技术。常用处治措施可参照表7.1.3选用。

表 7.1.3 路堤与路床病害处治措施

| 病害类型 | 处治措施 | | | | | | |
|---|---|---|---|---|---|---|---|
| | 换填改良 | 注浆 | 复合地基 | 钢管抗滑桩 | 增加综合排水设施 | 设置土工合成材料 | 加铺罩面 |
| 不均匀沉降 | △ | √ | √ | × | △ | △ | △ |
| 开裂滑移 | × | √ | △ | √ | △ | △ | × |
| 冻胀翻浆 | √ | × | × | × | √ | × | △ |

注："√"为推荐；"△"为可选；"×"为不推荐。

## 7.2 换填改良

**7.2.1** 换填改良可用于填料不良引起的强度不足、沉陷、翻浆等病害处治或地基沉降路段的局部处理。

**7.2.2** 换填材料宜采用级配较好的砾类土、砂类土等粗粒土，填料最大粒径应小于100mm，填料的CBR值应符合现行《公路路基施工技术规范》(JTG/T 3610)的相关要求。不得采用含草皮、生活垃圾、树根、腐殖质的土，以及泥炭、淤泥、冻土、强膨胀土、有机质土和易溶盐超过允许含量的土。

**7.2.3** 换填改良材料的配合比应通过试验确定。

**7.2.4** 换填区与相邻路基衔接处应开挖成台阶状，换填施工应符合现行《公路路基施工技术规范》(JTG/T 3610)的有关规定。

**7.2.5** 换填施工应减少对老路基的扰动，及时做好开挖回填及防排水工作；采用透水性材料作为回填材料时，应做好与既有排水设施的衔接。

## 7.3 注浆

**7.3.1** 注浆技术可用于路堤或路床压实度不足、局部稳定性不满足要求或桥头跳车等路段。

**7.3.2** 进行注浆加固前，除应收集本规范第6章规定的资料外，尚应补充收集路面弯沉或回弹模量等检测资料，用于评价注浆加固的效果。

**7.3.3** 应根据处治目的和要求，以及材料的性能、适用范围和固结体的特性，选用水泥浆液、水泥-粉煤灰浆液或其他注浆材料。当早期强度要求较高时，可掺入适量水玻璃以达到速凝效果。

**7.3.4** 注浆施工前应进行浆液配合比设计，并进行现场试验性注浆，验证浆液配合比，确定注浆压力。

**7.3.5** 应对袖阀管注浆的套壳料进行配合比试验。

**7.3.6** 注浆施工应符合下列规定：
1 注浆时应控制好浆液的搅拌时间及注浆压力，连续注浆，中途不得中断。
2 注浆应遵循逐渐加密的原则，多排孔注浆时，宜先注边排后注中间排。边排孔宜限制注浆量，中排孔注至不吃浆为止。
3 应加强注浆过程控制，做好注浆记录，动态调整注浆压力、注浆量及注浆时间，防止对路面结构及周边土体或结构物造成破坏。
4 注浆完成后，应及时做好封孔处理，并进行跟踪观测评价注浆效果。注浆效果的检验宜在注浆结束后28d进行，对检验不合格的注浆区应进行重复注浆。

**7.3.7** 注浆施工应做好施工组织设计，减少行车对注浆质量的影响。注浆养护时间不宜少于3d。

## 7.4 钢管抗滑桩

**7.4.1** 钢管抗滑桩可用于处治或预防路堤浅层滑移,也可作为削坡减载、支挡结构物的基础施工或抗滑桩施工的一种辅助性加固措施。

**7.4.2** 钢管抗滑桩宜采用钻孔植入法施工,路基钻孔应采取干钻方式。

**7.4.3** 钢管抗滑桩宜布置在路基边坡顶部或坡脚,间距不宜大于3m,钻孔直径宜为250～320mm,抗滑桩应穿过滑移面不少于2m且其深度满足路基边坡稳定性验算要求,坡脚位置处宜适当增大穿过滑移面的深度。

**7.4.4** 钢管宜采用无缝普通钢管,直径宜为180～250mm。管内灌注材料宜采用强度等级不低于C25的自密实混凝土,管外注浆材料应采用强度等级不低于M30的水泥砂浆,砂浆宜采用细砂配制。

**7.4.5** 宜在路基边坡组合设置斜向注浆锚杆,并辅以水平横梁或锚墩连接。抗滑桩顶部宜设置联系梁,联系梁的高度不宜小于300mm,宽度不宜小于抗滑桩管径,混凝土的强度等级不应低于C25,纵向钢筋的截面积不应少于联系梁截面积的0.15%;箍筋直径不应小于8mm,其间距不应大于400mm。抗滑桩伸入联系梁内不应少于50mm,并与联系梁主筋焊接。

**7.4.6** 钢管抗滑桩施工应符合下列规定:
1 钻孔孔径不得小于设计值,且应大于钢管外径70mm以上。
2 无缝钢管应垂直插入钻孔并对中,钢管的连接宜采用套管焊接方式。
3 当管外充填注浆难以达到要求时,可采用压力注浆。
4 应保证管外和管内桩长范围内完全注满。
5 注浆泵与注浆孔口距离不宜大于30m,以减小注浆管路系统阻力,保证实际的注浆压力。

## 7.5 复合地基

**7.5.1** 复合地基可用于处治地基沉降变形大、承载力低的软弱路基,以及差异变形大的拓宽路段。常用技术及适用条件可参照表7.5.1选用。

表 7.5.1 复合地基法常用技术类型及适用条件

| 适用条件 | 养护处治技术 | | | |
|---|---|---|---|---|
| | 碎石桩 | 水泥搅拌桩 | CFG桩（水泥粉煤灰碎石桩） | 预制管桩 |
| 地基沉降变形大的路基 | △ | √ | √ | △ |
| 承载力低的软弱路基 | △ | √ | √ | × |
| 开裂滑移的路基 | × | △ | △ | √ |

注："√"为推荐；"△"为可选；"×"为不推荐。

**7.5.2** 除应收集本规范第 6 章规定的资料外，尚应补充收集沉降变形观测数据，用于确定合理的加固区域。

**7.5.3** 碎石桩、加固土桩、CFG 桩施工前应做成桩试验，并对复合地基承载力进行检测。检测方法可采用平板载荷试验。

**7.5.4** 复合地基施工应符合下列规定：
1 成孔桩长允许偏差≤100mm，桩径允许偏差≤20mm，垂直度允许偏差≤1%。
2 路堤部分宜采取振动小的干钻方式进行预成孔，并及时清运钻孔取土。钻孔过程中应避免多台设备在同一断面同时施工，以减少对老路基的振动扰动。
3 碎石桩和预制管桩施工时应进行间隔跳打。
4 对桩顶高程以上的路基内桩孔，应进行封孔回填处理。
5 应对单桩桩体质量进行检测，检测方法可参照表 7.5.4 选用。

表 7.5.4 被检体与检测方法对应关系

| 被检体 | 钻芯法 | 标准贯入试验 | 圆锥动力触探 | 低应变法 | 高应变法 |
|---|---|---|---|---|---|
| 碎石桩 | × | × | √ | × | × |
| 水泥搅拌桩 | √ | √ | √ | △ | × |
| CFG 桩 | √ | × | × | △ | △ |
| 预制管桩 | × | × | × | △ | △ |

注："√"为推荐；"△"为可选；"×"为不推荐。

# 8 边坡病害处治

## 8.1 一般规定

**8.1.1** 边坡病害处治应保证坡面与坡体稳定,并应根据实际情况计算确定原支护结构的有效抗力。

**8.1.2** 当出现坡面冲刷、岩体碎落崩塌、边坡局部滑塌、滑坡等病害时,应及时采取相应的技术措施进行维修加固。

**8.1.3** 应根据边坡岩土体条件、病害类型及严重程度、地下水类型及埋藏深度、降水量、施工可行性,经比选后确定合理的养护技术。常用处治措施可参照表8.1.3选用。

表8.1.3 边坡养护处治措施

| 边坡病害类型 | 处治措施 | | | | | | | |
|---|---|---|---|---|---|---|---|---|
| | 坡面防护 | 沿河路基防护 | 挡土墙 | 锚固 | 抗滑桩 | 削方减载 | 堆载反压 | 棚洞 |
| 冲刷 | √ | √ | × | × | × | × | × | × |
| 碎落崩塌 | √ | × | △ | × | × | × | × | √ |
| 局部坍塌 | △ | △ | √ | × | × | √ | × | × |
| 滑坡 | △ | × | √ | √ | √ | △ | △ | × |

注:"√"为推荐;"△"为可选;"×"为不推荐。

**8.1.4** 对边坡进行维修加固时,应完善排水设施。

## 8.2 坡面防护

**8.2.1** 坡面防护可用于处治边坡坡面冲刷、风化、碎落崩塌等病害。

**8.2.2** 坡面防护主要类型及适用条件宜符合表8.2.2的规定。

表8.2.2 坡面防护主要类型及适用条件

| 防护类型 | 亚 类 | 适 用 条 件 |
|---|---|---|
| 植物防护 | 植草或喷播植草 | 可同于坡率不陡于1:1的土质边坡防护。当边坡较高时,植草可与土工网、土工网垫结合防护 |
| | 铺草皮 | 可用于坡率不陡于1:1的土质边坡或全风化、强风化的岩石边坡防护 |
| | 种植灌木 | 可用于坡率不陡于1:0.75的土质、软质岩石和全风化岩石边坡防护 |
| | 喷混植生 | 可用于坡率不陡于1:0.75的砂土、碎石土、粗粒土、巨粒土及风化岩石边坡防护,边坡高度不宜大于10m |
| 工程防护 | 喷护 | 可用于坡率不陡于1:0.5的易风化但未遭强风化的岩石边坡防护 |
| | 挂网喷护 | 可用于坡率不陡于1:0.5的易风化、破碎的岩石边坡防护,高速公路、一级公路和环境景观要求高的公路不宜采用 |
| | 干砌片石护坡 | 可用于坡率不陡于1:1.25的土质边坡或岩石边坡防护 |
| | 浆砌片石护坡 | 可用于坡率不陡于1:1的易风化的岩石和土质边坡防护 |
| | 护面墙 | 可用于坡率不陡于1:0.5的土质和易风化剥落的岩石边坡防护 |
| 综合防护 | 骨架植物防护 | 可用于坡率不陡于1:0.75的土质和全风化、强风化的岩石边坡防护 |

**8.2.3** 边坡坡脚宜设置碎落台,其宽度可根据边坡高度和土质进行确定,不宜小于1m。

## 8.3 沿河路基防护

**8.3.1** 沿河路基防护可用于防护水流对沿河、沿溪等路堤坡脚的冲刷与淘刷。

**8.3.2** 沿河地段路基受水流冲刷时,应根据河流特性、水流性质、河道地貌、地质等因素,结合路基位置选用适宜的防护工程、导流或改河工程。沿河路基冲刷防护主要类型及适用条件宜符合表8.3.2的规定。

表8.3.2 冲刷防护主要类型及适用条件

| 防 护 类 型 | 适 用 条 件 |
|---|---|
| 植物防护 | 可用于允许流速在1.2~1.8m/s、水流方向与公路路线近似平行、不受洪水主流冲刷的季节性水流冲刷地段防护。经常浸水或长期浸水的路堤边坡不宜采用 |
| 砌石或混凝土护坡 | 可用于允许流速为2~8m/s的路堤边坡防护 |

表 8.3.2(续)

| 防护类型 | | 适用条件 |
|---|---|---|
| 土工织物软体沉排、土工膜袋 | | 可用于允许流速为 2~3m/s 的沿河路基冲刷防护 |
| 石笼防护 | | 可用于允许流速为 4~5m/s 的沿河路堤坡脚或河岸防护 |
| 浸水挡土墙 | | 可用于允许流速为 5~8m/s 的峡谷急流和水流冲刷严重的河段 |
| 护坦防护 | | 可用于沿河路基挡土墙或护坡的局部冲刷深度过大、深基础施工不便的路段 |
| 抛石防护 | | 可用于经常浸水且水深较大的路基边坡或坡脚,以及挡土墙、护坡的基础防护 |
| 排桩防护 | | 可用于局部冲刷深度过大的河湾或宽浅型河流的防滑 |
| 导流 | 丁坝 | 可用于宽浅型河段,保护河岸或路基不受水流直接冲蚀而产生破坏 |
| | 顺坝 | 可用于河床断面较窄、基础地质条件较差的河岸或沿河路基防护,以调整流水曲度和改善流态 |

## 8.4 挡土墙

**8.4.1** 挡土墙可用于支承路基填土或山坡土体,防止填土或土体变形失稳。

**8.4.2** 挡土墙主要类型及适用条件宜符合表 8.4.2 的规定。

表 8.4.2 挡土墙主要类型及适用条件

| 挡土墙类型 | 适用条件 |
|---|---|
| 重力式挡土墙 | 一般地区、浸水地区和地震地区的路肩、路堤与路堑边坡坡脚等支挡工程 |
| 锚杆挡土墙 | 墙高较大的岩石路堑地段,可采用肋柱式或板壁式单级墙或多级墙,每级墙高不宜大于 8m,多级墙的上、下级墙体之间应设置宽度不小于 2m 的平台 |
| 桩板式挡土墙 | 表土及强风化层较薄的均质岩石地基,也可用于地震区的路堑、路堤支挡或滑坡等特殊地段的治理 |

**8.4.3** 挡土墙施工应进行施工组织设计,加强基槽开挖、回填阶段的防排水,验算基槽开挖对边坡稳定性的影响,必要时应进行临时边坡加固。

**8.4.4** 挡土墙基底开挖前应做好地面排水设施,开挖时应将基底表面风化、松软土石清除。

**8.4.5** 路堑挡土墙采用分段跳槽开挖法,宜采用自上而下、分层开挖步骤。锚杆挡土墙应采用逆施工法,并及时砌筑墙身。

**8.4.6** 应加强挡土墙排水设计,挡土墙墙背填料宜采用渗水性强的砂土、砂砾、碎(砾)石、粉煤灰等材料,不宜采用黏土作为填料,严禁采用淤泥、腐殖土、膨胀土。

在季节性冻土地区，不得采用冻胀性材料做填料。

## 8.5 锚固

**8.5.1** 锚固分为预应力锚固和非预应力锚固，适用于岩层、稳定土层或可提供足够锚固力的构筑层的边坡加固治理。

**8.5.2** 预应力锚固在土层中应用时，应进行特殊工艺处理以提供足够锚固力。

**8.5.3** 预应力锚索（杆）宜采用易于调整预应力值的精轧螺纹钢筋、无黏结钢绞线等；非预应力锚杆宜采用 HRB400 钢筋，钢筋直径宜为 16～32mm。

**8.5.4** 锚索（杆）锚固段应穿过已有滑裂面或潜在滑裂面不小于 2m，且满足边坡稳定性验算要求。

**8.5.5** 锚固法施工应符合下列规定：
1 钻孔清孔宜采用高压空气反循环工艺，严禁使用泥浆循环清孔。
2 锚索（杆）长度应符合设计要求，以保证锚固段和张拉段有足够的长度。
3 锚索（杆）安装应沿杆身每隔 1.5m 设置对中定位支架，以保证钢筋有足够的混凝土保护层厚度。
4 锚索（杆）张拉待锚固砂浆强度达到设计强度的 80% 后方可进行。锚杆正式张拉前应采用 0.10～0.20 倍的轴向拉力设计值（$N_t$）进行预张拉。
5 锚杆预应力施加时应分级张拉，并进行位移观测，做好记录。锚杆张拉至 $(1.05～1.10)N_t$ 时，对岩层、砂土层保持 10min，对黏土层保持 15min，然后卸荷至锁定荷载设计值进行锁定。锚杆张拉荷载分级和位移观测时间应符合表 8.5.5 的规定。
6 锚索（杆）张拉采用张拉力和伸长值进行控制，用伸长值校核应力，当实际伸长值大于计算伸长值的 10% 或小于计算伸长值的 5% 时，应暂停张拉，待查明原因并处理后可继续张拉。

表 8.5.5 锚杆张拉荷载分级和位移观测时间

| 荷 载 分 级 | 位移观测时间（min） | | 加荷速率（kN/min） |
|---|---|---|---|
| | 岩层、砂土层 | 黏土层 | |
| $(0.10～0.20)N_t$ | 2 | 2 | ≤100 |
| $0.50N_t$ | 5 | 5 | |
| $0.75N_t$ | 5 | 5 | |
| $1.00N_t$ | 5 | 10 | ≤50 |
| $(1.05～1.10)N_t$ | 10 | 15 | |

## 8.6 钢筋混凝土抗滑桩

**8.6.1** 钢筋混凝土抗滑桩适用于稳定边坡或滑坡、加固不稳定山体以及其他特殊路基。

**8.6.2** 抗滑桩宜选择设置在滑坡厚度较薄、推力较小、锚固段地基强度较高的位置。

**8.6.3** 抗滑桩宜与预应力锚索（杆）联合使用。对易发生局部塌方的破碎岩体段，宜设置挡土板。

**8.6.4** 对已采用抗滑桩加固的边坡进行补桩时，其设计计算应考虑原抗滑桩有效抗力；桩排距宜不小于2倍桩截面宽度，桩的横向间距应根据边坡的地质以及桩的结构、承载能力等技术条件和经济因素进行比较后确定。

**8.6.5** 抗滑桩设计时应考虑滑坡沿既有滑面或潜在滑面滑动时作用在支护结构上的荷载，抗滑桩材料及构造要求应符合现行《公路路基设计规范》（JTG D30）的有关规定。

**8.6.6** 抗滑桩施工应符合下列规定：
1 抗滑桩施工应采取相应措施保障坡脚稳定，并做好场地排水。稳定性较差的边坡工程应避免雨期施工，必要时宜采取堆载反压等增强边坡稳定性的措施，防止变形加大。
2 抗滑桩施工应分段间隔开挖，宜从边坡工程两端向主轴方向进行。
3 滑坡区施工开挖的弃渣不得随意堆放，且施工时应减少对边坡的影响，以免引起新的滑坡。
4 桩纵筋的接头不得设在土石分界处和滑动面处。
5 桩间支挡结构及与桩相邻的挡土、排水设施等，均应按设计要求与抗滑桩正确连接，配套完成。

## 8.7 削方减载

**8.7.1** 削方减载可用于地下水位较低的山区公路滑坡后缘减载，且不应引起次生病害的发生。

**8.7.2** 削方应与邻近建筑物基础有一定的安全间距，不得危及邻近建筑物、管线和道路等的安全及正常使用。

**8.7.3** 削方减载施工应做好工程防护及交通引导措施，减少对交通的干扰。

**8.7.4** 削方减载后应根据实际需要设置防护工程。

**8.7.5** 削方减载施工应符合下列规定：
1 削方减载施工应根据现场情况，确定分段施工长度，做好临时排水措施，保证施工作业面不积水，并采取隔段施工。
2 开挖应先上后下、先高后低、均匀减载。开挖后的坡面应及时进行防护及排水处理。开挖的土体应及时运出，不得对邻近边坡形成堆载或因临时堆载造成新的不稳定边坡。
3 坡顶应设置截水沟，坡面应增设急流槽，坡脚宜设置护脚墙并设置排水沟。

## 8.8 堆载反压

**8.8.1** 堆载反压可用于软土地区路基护坡道，以及应急抢险时的滑坡前缘反压。

**8.8.2** 堆载反压不应危及邻近建筑物、管线和道路等的安全及正常使用，不应对邻近的边坡带来不利影响。

**8.8.3** 堆载反压施工应符合下列规定：
1 应根据拟加固边坡的整体稳定性，验算确定堆载反压量。
2 反压位置应设置在阻滑段。
3 堆载反压加固材料宜就地取材、便于施工，不得阻塞滑坡前缘的地下排水通道。
4 堆载反压体应设置在滑坡体前缘，以提供有效的抗力；当进行软土地基护坡道堆载反压施工时，土体应堆填密实，密实度不宜低于90%。

# 9 既有防护及支挡结构物病害处治

## 9.1 一般规定

**9.1.1** 既有防护及支挡结构物维修加固前，应对病害及其严重程度、既有结构物的功能有效性进行评估。

**9.1.2** 应根据既有结构物的评估结果，合理利用原结构与材料，确定维修加固方案。

## 9.2 既有防护工程

**9.2.1** 坡面防护工程出现局部松动、脱落、损坏、隆起、裂缝等病害时，应按原防护形式及时修复。

**9.2.2** 坡面防护工程出现大面积脱落、严重变形时，应及时拆除重建。

**9.2.3** 植物防护工程出现缺损时，应及时补栽修复。

**9.2.4** 当锚杆挂网喷浆防护工程出现破损、裂缝、掉块露筋时，应及时喷浆修补；出现局部脱落、坍塌、鼓胀时，应清理坡面，重新挂网喷浆处治。

**9.2.5** 当主动式柔性防护网的锚钉出现锈蚀时，应进行防腐处理；网内出现落石汇集时，应及时清理；网出现破损时，应及时修补；对于被动式柔性防护网，当出现紧固部位锚栓松动或立网变形时，应及时更换或增设。

**9.2.6** 冲刷防护工程受到洪水、波浪或流水冲击，坡脚发生局部破坏时，应及时采取抛压片石防护、石笼压盖等措施进行处治。

**9.2.7** 冲刷防护工程发生冲毁时，应调查冲毁的原因，对既有结构物进行评估，根据受损情况及时进行维修加固或重建。

## 9.3 既有挡土墙

**9.3.1** 挡土墙出现表观损坏时,可结合日常养护进行处治。

**9.3.2** 挡土墙维修加固措施可参照表 9.3.2 选用。

表 9.3.2 挡土墙维修加固措施

| 挡土墙类型 | 处治措施 | |
|---|---|---|
| | 局部损坏(含墙身开裂、滑移、墙身鼓肚、承载力不足等) | 结构失稳(含整体失稳、倾覆、倒塌、严重开裂等) |
| 重力式挡土墙 | 支撑墙、锚固、加大截面 | 支撑墙、抗滑桩加固、拆除重建 |
| 悬臂式、扶壁式挡土墙 | 加大截面、支撑墙 | 支撑墙、抗滑桩加固、拆除重建 |
| 锚定板、加筋土挡土墙 | 支撑墙、锚固 | 支撑墙、抗滑桩加固、拆除重建 |
| 桩板式挡土墙 | 锚固 | 抗滑桩加固 |
| 锚杆挡土墙 | 锚固 | 抗滑桩加固 |

**9.3.3** 发生倾覆、坍塌等结构失效情况时,应查明原因,及时进行加固或拆除重建。

**9.3.4** 挡土墙基础尺寸或地基承载力不满足要求时,宜采用加大截面法、注浆加固法、截排水加固法等措施。

**9.3.5** 挡土墙基础嵌固段外侧岩土体的水平抗力不满足要求时,可采用增设锚杆、抗滑桩以及注浆加固等措施。

**9.3.6** 挡土墙的泄水孔堵塞时,应及时疏通;无法疏通时,应选择适当位置增设泄水孔,或在挡土墙背后增设排水设施。

**9.3.7** 采用锚固法加固挡土墙时,应符合下列规定:
1 应合理确定新增锚杆的位置及预应力值,使挡土墙和加固构件受力合理。
2 进行新增锚杆预应力设计时,应考虑原支护体系锚杆锚固力值;新增锚杆锁定预应力值宜与既有锚杆预应力一致,以利于新旧锚杆共同发挥锚固作用。
3 锚杆外锚固部分与原支护结构间应设传力构件;当已有挡土墙挡板不满足加固锚杆的传力时,可设格构梁、肋或增厚挡板;格构梁应设置伸缩缝,设置间距为 10~25m,缝宽 2~3cm,并填塞沥青麻筋、沥青木板或其他新材料。
4 钻孔时应合理选择钻孔机具,维持挡土墙整体稳定,并采取措施减少钻孔对原挡土墙的扰动。

5 在锚固条件较差的岩土层中，锚固法注浆宜采用分层多次高压注浆。

**9.3.8** 采用加大截面法加固挡土墙时，应符合下列规定：
1 应考虑墙身加大截面后对地基基础的不利影响；为土质地基时，加大截面部分基础宜采用钢筋混凝土板式基础。
2 加固后的支护结构应按复合结构进行整体计算。
3 新增墙体应采用分段跳槽的实施方案，稳定性较高的部位应优先施工，必要时可采用削方减载等措施，保证施工安全。
4 挡土墙或基础采用钢筋混凝土时，加大截面部分浇筑混凝土前，应采取凿毛、植入连接钢筋等措施，保证新、旧混凝土结合为整体。植筋锚固长度宜为 $(10 \sim 20)d$（$d$ 为钢筋直径）。
5 挡土墙为砌体材料时，应先剔除原结构表面疏松部分，对不饱满的灰缝进行处理，加固部位采取设水平齿槽或锚筋等措施，保证新加混凝土与挡土墙结合为整体。

**9.3.9** 采用抗滑桩加固挡土墙时，应符合下列规定：
1 抗滑桩宜设置在挡土墙的外侧。
2 抗滑桩加固锚杆挡土墙宜设于肋柱中间。
3 抗滑桩加固桩板式挡土墙宜设于桩的中间、等距布置，且新增抗滑桩与原有桩中心距不宜小于二者桩径较大者的 2 倍。
4 抗滑桩宜紧贴挡土墙现浇，或在抗滑桩与挡土墙面之间增设传力构件。
5 抗滑桩护壁设计时应考虑挡土墙传来的土压力作用。
6 边坡稳定性较差时，抗滑桩施工应间隔开挖、及时浇筑混凝土，并应防止抗滑桩施工对原支护结构安全造成不利影响。

**9.3.10** 挡土墙拆除重建施工应符合下列规定：
1 挡土墙应分段拆除，拆除时应采取措施保证墙后填土的稳定。
2 应处理好新旧墙的结合，保证新墙与原挡土墙结合成为整体。
3 墙背回填时，应恢复原排水设施。

## 9.4 既有锚固结构

**9.4.1** 锚固结构发生严重应力松弛时，宜采用预应力锚索(杆)二次补张拉或新增锚索(杆)补强法进行维修加固；发生锚固结构断裂或内锚固端失效滑移时，应在邻近位置增设新的锚固结构。

**9.4.2** 新增锚固结构应符合下列规定：
1 锚索(杆)应结合原支护体系中的锚索(杆)间距错开布置，且应合理布置内锚固段位置，必要时改变锚索(杆)的倾角。

2 锚索(杆)锚固段应穿过已有滑裂面或潜在滑裂面不小于2m，且满足边坡稳定性要求。

9.4.3 锚固结构发生锚头严重锈蚀、封锚混凝土破坏时，应及时进行锚头防腐处理，修复封锚混凝土。

9.4.4 发生地梁、框架脱空、开裂时，宜采用浅层注浆法、加大截面法、新增框架结构或预应力锚索(杆)进行维修加固。

## 9.5 既有抗滑桩

9.5.1 抗滑桩表面出现蜂窝、麻面、露筋、裂缝等表观破损以及混凝土局部压溃造成钢筋保护层剥落等病害时，应根据具体情况采用填充修补、注浆、表面封闭等方法进行养护处治。

9.5.2 抗滑桩发生结构性拉裂、侧向稳定性不足时，可采用增加预应力锚索方法进行补强。

9.5.3 出现抗滑桩倾斜、滑移时，应及时增设预应力锚索框架或补桩。

9.5.4 发生混凝土或钢筋被剪断或折断等结构性破坏，或对原有的抗滑桩采用结构补强后不能恢复至设计要求的抗滑能力时，可采用增设钢筋混凝土抗滑桩或钢管抗滑桩、注浆、增设预应力锚索(杆)等措施进行加固处治。

# 10 排水设施养护

## 10.1 一般规定

**10.1.1** 应及时疏通、修复既有排水设施，保证其功能完好、排水畅通。

**10.1.2** 应根据实际情况，做好路基排水设施与路面、桥隧等排水设施的衔接，形成较完善的排水体系。排水设施不能满足使用要求时，应适时增设完善。

**10.1.3** 在保证边沟排水的前提下，可采取改进断面形式、增设盖板等措施提高路侧安全性。

**10.1.4** 沿河路段应增设导水、拦水设施，减小客水对路基的影响。在有路面水集中冲刷边坡的路段，可增设集中排水设施。

**10.1.5** 低填、浅挖路基以及排水困难地段，应采取防、排、截相结合的综合排水措施，拦截进入路界的地表水，排除路基内自由水。

## 10.2 地表排水设施养护

**10.2.1** 对各类地表排水沟渠，应保证设计断面形状、尺寸和纵坡满足排水要求。沟内有淤积、沟壁损坏、边坡松散滑塌，造成沟渠断面形状改变时，应及时清淤和修复。

**10.2.2** 对边沟、截水沟、排水沟等进行冲刷防护、防渗加固时，应符合下列规定：
    1 土质边沟受水流冲刷造成纵坡大于3%时，宜采用混凝土、浆砌或干砌片（块）石铺砌；冰冻较轻地区可采用稳定土加固。边沟连续长度过长时，宜分段设置横向排水沟将水流引离路基，其分段长度在一般地区不超过500m，在多雨地区不超过300m。
    2 对滑坡、膨胀土、高液限土、湿陷性黄土地段，截水沟、边沟、排水沟等产生渗漏时，应采取铺设防渗土工布、浆砌石等防渗措施。
    3 雨季前应及时清理盖板边沟，更换破损的盖板，盖板设置不得影响路面的排水功能。

4 对于地下水丰富路段，由于路面加铺导致边沟加深时，应保证原沟底高程不变。

**10.2.3** 涵洞的养护应符合现行《公路桥涵养护规范》（JTG H11）的有关规定。

**10.2.4** 泄水槽损坏时应及时修复，防止水集中冲刷涵洞。

**10.2.5** 超高路段排水设施应及时疏通，避免水下渗至路基。

**10.2.6** 跌水和急流槽病害处治应符合下列规定：
 1 进出口冲刷现象严重时，进水口应进行防护加固，出水口应进行加固或设置消力池。
 2 基底不稳定时，急流槽底可设置防滑平台，或设置凸榫嵌入基底中。
 3 急流槽较长时，应分段铺砌，且每段长度不宜超过10m。连接处应用防水材料填塞，密实无空隙。

**10.2.7** 蒸发池的隔离栅或安全警示牌出现缺失或破损时，应及时修复。积雪融化造成的蒸发池积水应及时排出。

**10.2.8** 油水分离池、检查井出入口出现淤塞时，应及时进行清掏。安全警示设施缺失时，应及时补设。

**10.2.9** 应定期检查维修排水泵站，及时排除设备故障。检查维修时，应采取相应措施，保证维修作业人员的安全。

## 10.3 地下排水设施养护

**10.3.1** 当地下排水设施堵塞、淤积、损坏时，应及时清理维修。

**10.3.2** 对排水暗管进行疏通、改建时，应符合下列规定：
 1 暗管堵塞时，宜采用刮擦法、冲洗法、真空吸附法等方法进行疏通。
 2 暗管排水进出口应定期清除杂草和淤积物。检查井和竖井式暗管门应盖严，发现损坏或丢失应及时换补。
 3 暗管排水量达不到排水要求时，应进行改建，暗管的直径应根据排水量确定。
 4 边沟排水暗管由于边坡位移等原因发生变形开裂时，应及时采取加固或更换措施。

**10.3.3** 反滤层和顶部封闭层失效时，应及时翻修。

**10.3.4** 渗井、渗水隧洞病害处治应符合下列规定：

1 应加强渗井、渗水隧洞出水口的除草、清淤和坑洼填平等工作。寒冷地区保温设施失效时，应及时更换或维修。

2 渗井周围路基发生渗漏时，应进行防渗处理，井内的淤泥应及时清除。发现渗井设置不合理或功能失效时，应及时改造。

3 宜对渗水隧洞内部进行人工检查，及时排除淤堵，保证排水畅通。

# 11 特殊路基养护与病害处治

## 11.1 一般规定

**11.1.1** 应加强特殊路基日常养护,切实做好防排水、防护与支挡设施的维护与清理,并及时进行修补及增设,保证各项设施功能完好。

**11.1.2** 特殊路基维修加固宜先进行试验段施工,验证方案可行性,确定质量控制标准,并应加强特殊路基加固后的检测与评估。

**11.1.3** 对病害隐患较大的特殊路基路段,应进行路基长期监测,建立预警机制并做出相应的预案。

**11.1.4** 采空区路基出现沉陷等病害时,应探明采空区的位置、规模,设置安全警示标志,与当地政府和地矿部门共同协商处治方案。

## 11.2 软土路基

**11.2.1** 软土路基的不均匀沉降或开裂滑移处治措施可参照表 11.2.1 选用。

表 11.2.1 软土路基病害处治措施

| 病害类型 | 处治措施 | | | | |
|---|---|---|---|---|---|
| | 换填改良 | 侧向限制 | 反压护道 | 注浆 | 复合地基 |
| 不均匀沉降 | √ | × | × | △ | √ |
| 开裂滑移 | × | △ | △ | × | √ |

注:"√"为推荐;"△"为可选;"×"为不推荐。

**11.2.2** 软土路基病害处治施工应符合下列规定:
1 换填改良时宜采用轻质填料,基底应铺反滤层或隔水层加土工布,用黏土封层包心填筑或间隔填筑轻质填料,侧面铺筑碎石或砂砾石渗沟排水。
2 反压护道可根据路基隆起的情况,在路堤的一侧或两侧设置。其高度不宜超过路堤高度的1/2,其宽度应通过稳定计算确定。

## 11.3 膨胀土路基

**11.3.1** 膨胀土路基应注重防排水设施的日常养护和维修加固，防水保湿，消除膨胀土湿胀干缩的有害影响，并应符合下列规定：
1 路基边沟出现积水、向路基渗透现象时，应适当加宽、加深。
2 排水沟渠衬砌发生砂浆脱落、缺损时，应及时进行养护维修。

**11.3.2** 当既有防排水设施不满足使用要求时，应增设防排水设施，并应符合下列规定：
1 所有地面排水沟渠，特别是近路沟渠，均应铺砌和加固。
2 膨胀土路堑应设截水沟。对于台阶式膨胀土高边坡，应在每一级平台内侧设截水沟。
3 零填和低填方路段，当公路路界内地形低于路界外的地面时，应设置截水沟。
4 地下水位较高的低路堤路段，若路堤底部未设置防渗隔离层和排水垫层，宜在路基两侧增设地下排水渗沟。
5 土质潮湿或地下水发育的挖方路段，若边坡排水性能不良或缺乏排水设施，宜在边坡上增设支撑渗沟或仰斜式排水孔，边沟下应增设纵向排水渗沟，填挖交界处应增设横向排水渗沟。
6 路堑坡顶之外3～5m范围的表层膨胀土若未进行处理或防渗措施失效时，应采取换填非膨胀土、铺设防渗土工膜等防渗封闭处理措施。

**11.3.3** 膨胀土路基的边坡失稳、胀缩变形等病害处治措施应参照表11.3.3选用。

表11.3.3 膨胀土路基病害处治措施

| 病害类型 | 处治措施 | | | |
|---|---|---|---|---|
| | 换填改良 | 坡面封闭 | 坡面防护 | 支挡防护 |
| 边坡失稳 | × | √ | △ | √ |
| 胀缩变形 | √ | △ | √ | × |

注："√"为推荐；"△"为可选；"×"为不推荐。

**11.3.4** 用于膨胀土路堑边坡稳定的挡土墙应根据边坡滑塌部位进行合理设置，并根据路堑边坡滑塌规模，可设一级或多级挡土墙。

**11.3.5** 膨胀土路基病害处治施工应符合下列规定：
1 膨胀土路基养护作业施工宜避开雨季作业。
2 膨胀土路基处治路段较长时，养护作业宜分段施工，各道工序应紧密衔接，连续完成。边坡应按设计要求修整，并应及时进行防护施工。

3 换填处治宜采用非膨胀性土、灰土或改良土，换土厚度应通过变形计算确定，中、弱膨胀土宜为1~1.5m，强膨胀土宜为2m。换填土应分层铺设、分层碾压，并加强防渗。

4 采用土工合成材料封闭、隔水时，应全断面铺设；采用土工织物对膨胀土路基进行包封时，宜控制好搭接长度；边坡采用黏土包边时，包边宽度不宜小于2m。

5 采用坡面防护处治时，高度大于10m的膨胀土边坡开挖时宜采用台阶型。应加强边坡防排水，隔绝外部自由水的渗入。

6 采用支挡结构物处治时，基坑应采取措施防止曝晒或浸水，基础埋深应在大气风化作用影响深度以下，基底应加强防渗处理。

## 11.4 湿陷性黄土路基

**11.4.1** 湿陷性黄土路基应加强防排水设施的日常养护与维修加固，并应符合下列规定：

1 应加强冲沟地段上下游的衔接以及填挖交界处边沟出水口的加固。
2 路堑顶出现裂缝和积水洼地时，应及时填平夯实。
3 现有排水设施出现破损、渗漏、淤塞等病害时，应及时维修处理，排水设施接缝处应坚固不渗漏。

**11.4.2** 当既有防排水设施不满足使用要求时，应增设防排水设施，并应符合下列规定：

1 农田灌溉可能造成黄土地基湿陷时，可对路堤两侧坡脚外5~10m做表层加固防渗处理或设侧向防渗墙。
2 湿陷性黄土路基防排水设施不完整或缺乏时，应根据需要增设防冲刷、防渗漏等措施拦截、排除地表水。地下排水构造物与地面排水沟渠必须采取防渗措施，路侧严禁积水。

**11.4.3** 湿陷性黄土路基沉陷变形处治可选用夯实法、桩挤密法等方法。

**11.4.4** 采用夯实法处理湿陷性黄土地基时，应符合下列规定：

1 土的天然含水率宜低于塑限1%~3%。
2 在夯实过程中应加强夯沉量检测。
3 强夯结束后30d左右，可采用静力触探或静载试验等方法测定地基承载力。

**11.4.5** 采用桩挤密法处理湿陷性黄土地基时，应符合下列规定：

1 桩挤密法可选用沉管、冲击成孔等方法。
2 成孔应间隔分批进行，成孔后应及时夯填。当做局部处理时，应由外向里施工。

3 若土层含水率过大，拔桩时应随拔随填。

## 11.5 盐渍土路基

**11.5.1** 盐渍土路基应加强防排水设施的日常养护与维修加固，并应符合下列规定：
1 路面横坡不满足要求或存在可能积水的坑洞及凹槽时，应及时修整。
2 在地下水位较高、边沟积水严重或排水不畅地段，应加深两侧边沟或排水沟，以降低路基下的地下水位。
3 盐渍土地区的地下排水管与地面排水沟渠防渗措施失效时，应及时维修加固。

**11.5.2** 当既有防排水设施不满足使用要求时，应增设防排水设施，并应符合下列规定：
1 地面排水困难、地下水位较高或公路旁有农田排、灌水渠的路段，应在路基一侧或两侧设置排（截）水沟，排（截）水沟距路基坡脚应不小于2m，应低于地表1.0m以下。
2 在自然排水困难的路段宜设蒸发池，蒸发池边缘与路基坡脚的距离宜大于10m。

**11.5.3** 盐渍土路基溶蚀、盐胀、冻胀、翻浆病害处治措施可选用换填改良法、增设护坡道或排碱沟、设置隔断层等方法。

**11.5.4** 盐渍土路基病害处治施工应符合下列规定：
1 采用换填改良法处治时，挖除路面结构后，可在一定深度内换填砾类土或砂。其中，高速公路、一级公路换填厚度不应小于1.0m，二级、三级公路换填厚度不应小于0.80m，并宜结合隔断层措施综合治理。
2 采用增设护坡道法处治时，护坡道顶面应高出长期积水位0.5m以上。
3 采用设置隔断层法处治时，土工布或薄膜宜设置在路基边缘以下0.8~1.5m处，并应高出边沟流水位0.2m以上。挖方路段应设在新铺路面垫层以下不少于0.3m处，并应对挖方路段边沟加深加宽，隔断层底面高程应高出边沟设计水面0.2m以上。

## 11.6 岩溶区路基

**11.6.1** 岩溶区路基的冒水、塌陷等病害可选用充填法、注浆法、盖板跨越法、托底灌浆法等方法进行处治。

**11.6.2** 岩溶区路基的冒水病害处治应符合下列要求：
1 路堑边坡出现岩溶泉和冒水洞，宜采用排水沟将水截流至路基外。
2 路基基底下有溶泉或壅水时，应采取排导措施保证路基不受浸害。

3 路基上方出现溶泉或壅水时，应增设排水涵(管)。
4 排水涵(管)出现渗漏、堵塞等病害时，应及时维修加固。

**11.6.3** 岩溶区路基塌陷病害处治应符合下列要求：
1 稳定路堑边坡上发生塌陷的干溶洞，洞内宜采用干砌片石填塞。
2 出现路堤塌陷，当洞的体积不大、深度较浅时，宜进行回填夯实；当洞的体积较大或深度较深时，宜采用构造物跨越；溶洞连通且较小的岩溶发育区，可采用注浆或托底灌浆技术。

**11.6.4** 岩溶塌陷路段应增设安全警示标志。

## 11.7 冻土路基

**11.7.1** 多年冻土路基防排水设施的养护与维修加固应符合下列规定：
1 地下水发育的多年冻土路基，应保证路基边沟防渗措施有效。
2 截水沟、挡水埝因冰冻厚度过大不能满足挡水要求时，应及时进行清理、疏通，防止冰水溢出形成路面聚冰。

**11.7.2** 多年冻土路基防排水设施的增设应符合下列规定：
1 位于冰锥、冻胀丘下方地段的路堤，应在其上方设截水沟，以截排涌出的水流。
2 高含冰量的冻土地段不应修建排水沟、截水沟，宜修建挡水埝。挡水埝断面尺寸应通过计算确定，并采取防渗和保温措施，必要时应采取加固措施。
3 多年冻土沼泽地段的路基应根据沼泽水源补给来源，在路堤一侧或两侧设置挡水埝。

**11.7.3** 季节性冻土路基防排水设施的养护与维修加固应符合下列规定：
1 处于地下水水位较高地区的路基，宜增设降低地下水水位的措施。
2 对于水源丰富地区，应在路堑坡顶增设截水沟，填筑拦水埂，阻止外界水流入路基及路面。
3 应及时清理、维护路基排水设施，以保持排水沟畅通，将水迅速排出路基之外。

**11.7.4** 季节性冻土路基防排水设施的增设应符合下列规定：
1 挖方边坡有地下水出露时，对潮湿的土质边坡可设置支撑渗沟，对集中的地下水出露处设置仰斜式排水孔。
2 挖方路基宜采用宽浅型边沟，不宜采用带盖板的矩形边沟。采用暗埋式边沟时，暗沟或暗管应埋设于当地最大冻深以下不小于0.25m处。
3 挖方路基及全冻路堤应设排水渗沟，渗沟应设于两侧边沟下或边沟外，不宜设在路肩范围以内。

4 排水管、集水井、渗沟等排水设施应设置在当地最大冻深以下不小于 0.25m 处，出水口的基础应设置在冻胀线以下，渗沟等的出口应采取防冻保温措施。

11.7.5 多年冻土区路基的冻胀、冻融翻浆、融沉、冰害等病害可选用换填非冻胀性材料、设置保温层、埋设通风管、热棒降温、遮阳板护坡、保温护道等措施进行处治，并应加强排水。

11.7.6 季节性冻土路基的冻胀、软弹、变形、裂缝及翻浆病害可采用换填非冻胀性材料、铺设保温层和防冻层等措施进行处治，并应加强排水。

11.7.7 多年冻土地区病害处治应符合下列规定：
1 应采取措施保持路基及周围冻土处于冻结状态。
2 对路基进行换填时，宜选用保温、隔水性能均较好的填料，严禁使用塑性指数大于12、液限大于32%的细粒土和富含腐殖质的土及冻土。高含冰量的土不宜用于路基填料。
3 当靠近基底部位有饱冰冻土层且发生融化时，宜设保温护道和护脚。
4 挖方路基的土质边坡发生融沉时应进行加固，铺砌厚度应满足设计和保温要求；饱冰冻土、含土冰层地段路堑，可根据要求换填足够厚度且水稳性好的填料。
5 挡水堰等构造物出现沉陷、开裂等病害时应采取加固措施。

11.7.8 季节性冻土路基病害处治应符合下列规定：
1 填方路段路床填料宜优先选择矿渣、炉渣、粉煤灰、砂、砂砾石及碎石等抗冻性能较好的材料。路床或上路堤采用粉土、黏土填筑时，可按设计要求单独或混合使用石灰、水泥、土壤固化剂等进行稳定处理，填料的改善或处理应根据路基抗冻胀性能要求，结合填料性质经试验确定。
2 挖方路段应将路床地基土挖除，换填深度应符合设计要求。施工时应分层开挖，一般宜从外侧向内侧挖掘，最后一层应从内向外挖掘。使用粗颗粒填料换填时，填料应均匀，小于0.075mm 的含量应不大于5%；采用石灰、水泥对填料进行改性处理时，应掺拌均匀，改性剂的剂量应符合设计要求或经试验确定。换填应分层填筑，压实度应达到规定要求。

## 11.8 雪害地段路基

11.8.1 雪害地段路基养护应保持防雪设施的完好，增设必要的防雪设施，路基两侧各 15~20m 范围内宜清除障碍，以防止路堤积雪，减轻雪害对公路及交通的危害程度。

**11.8.2** 风吹雪路段路基及防护工程设施病害处治应符合下列规定：

1 公路两侧距边坡坡脚不小于30m范围内的障碍物应及时清除，并对地表进行整平，或根据条件设置防雪栅、防雪堤或挡雪墙等防雪设施。养护材料应堆放在路外的堆料台上，堆放高度不应高于路基高度；需堆放在路肩上时，应堆放在下风一侧，并使堆料顶部呈流线型。

2 防雪栅被雪掩盖或倾倒时，应及时进行清理或维修加固。活动式防雪栅被埋住2/3～3/4高度时，应及时拔出并重新在迎风侧的雪堆顶部安放。若原路基未设置防雪栅或发生缺失时，应及时进行增补。

3 轮廓标发生损坏或被雪掩埋时，应及时进行清理维护。

4 及时检修导风板，保持结构和功能完好。其中，下导风板应在雪季终止后进行检修，屋檐式导风板和防雪墙应在雪季前进行维修。

5 防雪林带应指定专人养护管理，并控制林带的高度和透风度。

6 存在雪阻时，应及时用人工、推土机或除雪机等机械清除路面积雪，尽快恢复交通。弃雪应抛掷于下风一侧，以免造成重复雪阻。

**11.8.3** 雪崩路段路基及防护工程设施病害处治应符合下列规定：

1 对雪崩生成区，应在雪季前和雪季后对防雪崩工程如水平台阶、稳雪栅栏等进行检查维修；对雪崩运动区，应保持防雪崩工程如土丘、楔、铅丝网等的完好；对雪崩运动区与堆积区，应保持防雪走廊、导雪槽或导雪堤等工程处治措施的功能完好。

2 应经常整修水平台阶平面和坡面，并种草植树，保持其良好的稳雪能力；台阶平面宽度应保持在2m左右；导雪堤末端应保持有足够的堆雪场地，并在雪季前进行检查和清理。

3 应保持防雪走廊上部沟槽中设置的各种防雪崩的辅助设施及山坡植被完好。

4 导雪槽宜从内向外略倾斜，槽下净空应满足有关规定，必须保持工程各部结构牢固完好。

5 各种防治雪崩的工程措施都应注意保持原有植被和山体的稳定，避免人为的滑坡、泥石流与塌方。应注意加强山坡上树木的管理和抚育。

**11.8.4** 雪崩体崩落前，可采用下列措施减缓或阻止其发生崩落：

1 在雪崩生成区的积雪上撒钠盐等，以促使雪融化后形成整体，增加雪体强度，减轻雪崩的危害。

2 采取炮轰、人工爆破等措施降低雪檐、雪层的稳定性，使其上部失去支撑，造成小规模的人工雪崩，以减轻雪崩的危害程度。

3 采取导风板、防雪栅、防雪墙(堤)、防雪林等措施阻止风雪流向雪崩生成区聚雪。

4 在可能危害公路的雪崩区，对其范围、类型、基本特征、雪崩面积、山坡坡度、岩石性质、植被情况、最大可能积雪量、冬季主风向、降雪及风吹雪规律等进行详细的调查并逐项登记记录。

5 在雪崩发生后,及时清除路面积雪、恢复交通,同时将发生日期、时间、雪崩量、危害情况及各项防雪崩工程设施的使用效果等详细地记录在技术档案内,并将现场情况拍摄成照片、影像资料。

## 11.9 风沙及沙漠地区路基

**11.9.1** 风沙及沙漠地区路基的沙埋和风蚀等病害可选用植草护坡、设置植被保护带、碎石护坡、设置风力堤及挡沙墙等方法进行处治,并应符合下列规定:

1 半湿润和半干旱沙漠地区,应以植物治沙为主、工程防沙或化学固沙为辅。植物治沙宜采用乔、灌、草相结合。

2 干旱沙漠和荒漠地区,宜采用工程防沙或化学固沙与植物治沙相结合、先工程后植物的固沙方法。固沙植物以灌木和半灌木为主。

3 极干旱沙漠地区,对流动性沙漠或沙源丰富的风沙流危害严重路段,应在路基和其两侧建立完善的综合防沙体系,设置阻沙、固沙、输沙相结合的以工程为主的综合防护体系;在以固定沙丘为主或以风沙流过境为主的路段,宜以输沙措施为主,并对局部零星沙丘进行治理;其他地区应根据其风沙流强度及沙害的具体情况设置防护体系。

4 干旱、极干旱沙漠和荒漠地区的丘间地下水位较高或有引水灌溉条件的地方,可采用植物治沙,营造防沙林带。

**11.9.2** 对原有防沙设施应坚持经常性检查养护,发现损坏、掩埋应及时予以修缮、清理。受风沙危害的路段,现有防沙设施不能满足要求时,应增设工程防护设施或在公路两侧培育天然植被保护带。

**11.9.3** 风沙及沙漠地区路基病害处治施工应符合下列规定:

1 采用植物固沙的路段,应坚持经常性养护。在风后、雨后应及时检查,发现损坏及时修补,及时清理被沙埋没的围栏,补栽草方格和撒播草籽等。

2 草方格沙障发生腐烂破坏时,应根据沙丘部位和麦草的腐烂程度,进行重新修补扎设。草方格沙障以 1m×1m 和 1m×2m 的半隐蔽式方格为宜,一般用草量为 $6\,000\,kg/hm^2$。

3 利用各种草类、截枝条全面铺压或带状铺草、平铺杂草固沙施工时,应用草绳或枝条纵横固结,或者用沙粒压盖,防止风毁。

4 采用阻沙栅栏进行阻沙时,栅栏应与主风向垂直,阻截风沙流,防止流沙埋压固沙带。由于沙粒在栅栏前越堆越高,会成为新的沙丘,要随时注意修复被埋压的栅栏。

5 在受风沙危害的路段,公路两侧应划定天然植被保护带,其上风侧宽度不应少于 500m,下风侧宽度不应少于 200m。在此范围内应设立界桩,严禁樵采和放牧等一切有碍天然植被生长的活动,保护好原有的天然植被,并进行必要的培育,扩大植被面积。

## 11.10 涎流冰地段路基

**11.10.1** 涎流冰地段路基病害可选用聚冰坑(沟)、挡冰墙(堤)、冻结沟等工程措施进行处治，并应符合下列规定：

1 挡冰墙(堤)应设在边沟外侧；当聚冰量大时，可在挡冰墙(堤)外侧设置聚冰坑(沟)。挡冰墙(堤)可采用浆砌片、块石砌筑，高度宜为1~2m。

2 聚冰坑(沟)的底宽宜为1.5~3.0m。土质地段的聚冰坑(沟)可根据坡面渗水和土质情况，在边坡坡脚设置干砌片石矮墙。

3 冻结沟应采用浆砌片石防护。

**11.10.2** 涎流冰地段路基应加强排水设施的养护、保温处理及融冰水的清理，必要时应增设，并应符合下列规定：

1 山坡涎流冰地段的路基应设置完善的排水系统，必要时可加宽、加深边沟，或设置挡冰墙(堤)、聚冰坑(沟)等设施。聚冰坑(沟)处应设置净空较高的涵洞排除融冰水。当山坡地下水量较大时，可设置渗沟、暗沟等地下排水设施。

2 冲积扇或缓山坡上的涎流冰地段，可在路基边坡外设置聚冰沟，聚冰沟的下方宜设置挡冰堤。聚冰沟横断面应根据地形、地质、水量、聚冰量确定，沟深和底宽宜为0.8~1.2m，并做好聚冰沟与排水设施的衔接处理。挡冰堤高度宜为0.8~1.2m，堤顶宽度宜为0.6~1.0m，边坡坡率不宜陡于1:1.5；采用干砌片石铺砌时，边坡可陡至1:0.5。

3 采取排、挡、截等防治措施时，应保证自然排水系统的畅通。

**11.10.3** 涎流冰地段路基病害处治施工应符合下列规定：

1 涎流冰地段路基排水系统、挡冰墙(堤)等出现破损，或截水沟、排水沟淤堵时，应及时修复、清理疏通。

2 对涎流冰加重或原有处治措施失效的情况，应及时采取措施进行增强处理。

3 秋末冬初对需要保温的部位应采用人工堆放积雪、干草等增强保温措施，并可根据需要增设临时挡冰堤。

4 地下排水设施应设在冻结深度以下，出水口高出地面不应小于0.5m，并应做好出水口的保温措施，或采用开挖纵坡大于10%的排水沟措施。

**11.10.4** 特殊气候应加强冬季巡查，对临时出现的涎流冰，应及时人工刨除；对有可能威胁公路运营的涎流冰，应采取临时排水、排冰措施。

# 附录 A  路基病害调查与技术状况评定表

表 A-1 路基病害调查与技术状况评定表

路线名称：　　　　　调查时间：　　　　　调查人员：　　　　　检测方向：上行/下行

起点桩号：　　　　　终点桩号：　　　　　路段长度：

| 分项 | 病害名称 | 1 | 2 | 3 | 4 | 5 | 6 | 7 | 8 | 9 | 10 | 单位扣分 | 病害权重 $\omega_i$ | 累计扣分 $GD_i$ | 分项得分 $100-\Sigma(GD_i\cdot\omega_i)$ | 分项权重 $\omega$ |
|---|---|---|---|---|---|---|---|---|---|---|---|---|---|---|---|---|
| 路肩技术状况指数 VSCI | 路肩或路缘石缺损 | | | | | | | | | | | 5 | 0.4 | | | 0.1 |
| | 阻挡路面排水 | | | | | | | | | | | 10 | 0.4 | | | |
| | 路肩不洁 | | | | | | | | | | | 2 | 0.2 | | | |
| 路堤与路床技术状况指数 ESCI | 杂物堆积 | | | | | | | | | | | 5 | 0.2 | | | 0.2 |
| | 不均匀沉降 | | | | | | | | | | | 20 | 0.3 | | | |
| | 开裂滑移 | | | | | | | | | | | 50 | 0.3 | | | |
| | 冻胀翻浆 | | | | | | | | | | | 20 | 0.2 | | | |

表 A-1（续）

公路路线名称：　　　　调查时间：　　　　调查人员：　　　　检测方向：上行/下行

　　　　　　　　　　　　起点桩号：　　　　终点桩号：　　　　路段长度：

| 分项 | 病害名称 | 起点桩号<br>1 | 2 | 3 | 4 | 5 | 6 | 7 | 8 | 9 | 10 | 单位扣分 | 病害权重 $\omega_i$ | 累计扣分 $GD_i$ | 分项得分<br>$100 - \Sigma(GD_i \cdot \omega_i)$ | 分项权重 $\omega$ |
|---|---|---|---|---|---|---|---|---|---|---|---|---|---|---|---|---|
| 边坡技术状况指数 SSCI | 坡面冲刷 | | | | | | | | | | | 5 | 0.2 | | | 0.25 |
| | 碎落崩塌 | | | | | | | | | | | 20 | 0.25 | | | |
| | 局部坍塌 | | | | | | | | | | | 50 | 0.25 | | | |
| | 滑坡 | | | | | | | | | | | 100 | 0.3 | | | |
| 既有防护及支挡结构物技术状况指数 RSCI | 表观破损 | | | | | | | | | | | 10 | 0.1 | | | 0.25 |
| | 排（泄）水孔淤塞 | | | | | | | | | | | 20 | 0.2 | | | |
| | 结构损坏 | | | | | | | | | | | 20 | 0.3 | | | |
| | 结构失稳 | | | | | | | | | | | 100 | 0.4 | | | |
| 排水设施技术状况指数 DSCI | 排水设施堵塞 | | | | | | | | | | | 5 | 0.5 | | | 0.2 |
| | 排水设施损坏 | | | | | | | | | | | 10 | 0.5 | | | |

评定结果：

路基技术状况指数 SCI

计算方法：SCI = VSCI · $\omega_V$ + ESCI · $\omega_E$ + SSCI · $\omega_S$ + RSCI · $\omega_R$ + DSCI · $\omega_D$

注：1. 填写本表时可对照表 A-2 进行填写；检测方向中，顺桩号方向为上行，逆桩号方向为下行。
　　2. 路基技术状况指数 SCI 为公路技术状况指数 MQI 的一个分项指标。
　　3. 当路基出现雪害、风积沙、涌流冰等不计入技术状况评定的病害时，应另行记录病害的位置及严重程度。

## 表 A-2 路基病害类型汇总表

| 分项 | 病害名称 | 病害描述 | 计量单位 |
|---|---|---|---|
| 路肩 | 路肩或路缘石缺损 | 路肩一侧宽度小于设计宽度10cm及10cm以上，路肩出现20cm×10cm（长度×宽度）以上的缺口，路缘石丢失、损坏、倾倒、路缘石与路面脱离透水等 | 每20m为一处，不足20m按一处计 |
| | 阻挡路面排水 | 路肩高于路面，造成路面排水不畅 | |
| | 路肩不洁 | 路肩有堆积杂物，未经修剪且高于15cm的杂草 | |
| 路堤与路床 | 杂物堆积 | 人为倾倒的垃圾和秸秆等杂物的堆积 | 每20m为一处，不足20m按一处计 |
| | 不均匀沉降 | 路基出现纵向孤形开裂，或大于4cm的差异沉降，或大于5cm/m的局部沉陷 | |
| | 开裂滑移 | 沿道路纵向出现弧形开裂、变形，路基产生侧向滑动趋势 | |
| | 冻胀翻浆 | 季节性冰冻引起的路面隆起、变形、冒浆、春融或多雨地区的路基在行车荷载作用下造成路面变形、破裂、冒浆等 | |
| 边坡 | 坡面冲刷 | 由雨水冲刷坡面形成深度10cm以上的沟槽（含坡脚缺口） | 每20m为一处，不足20m按一处计，当边坡高度超过20m时，扣分加倍。当岩质边坡土路基边坡出现局部碎落崩塌，坡面形成的坑洞、缺陷等，但不影响路基边坡整体稳定和通行安全的，可不扣分 |
| | 碎落崩塌 | 路堑边坡因表层风化等产生的碎石滚落、局部崩塌等 | |
| 局部坍塌 | 滑坡 | 边坡发生整体剪切破坏状引起的坡体下滑，或有明显水平位移 | 有滑塌或有明显安全隐患的计为一处，当边坡高度超过20m时，扣分加倍 |
| | | 因边坡表面松散破碎或雨水冲刷而引起的坡面滑塌 | — |

表 A-2（续）

| 分项 | 病害名称 | 病害描述 | 计量单位 |
|---|---|---|---|
| 既有防护及支挡结构物 | 表观破损 | 勾缝或沉降缝损坏、表面破损、钢筋外露和锈蚀等 | 每20m为一处，不足20m按一处计 |
| | 排(泄)水孔淤塞 | 排(泄)水孔被杂物堵塞，造成排水不畅 | 以构造物伸缩缝（含沉降缝）为自然段落，30%及30%以上排水孔出现排水不畅计为一处 |
| | 局部损坏 | 局部出现的基础淘空、墙体脱空、脱落、鼓肚、轻度裂缝、下沉等 | 每20m为一处，不足20m按一处计 |
| | 结构失稳 | 结构物整体出现的开裂、倾斜、滑移、倒塌等 | 按既有防护及支挡结构物单独评价 |
| 排水设施 | 排水设施堵塞（含涵洞） | 排水设施内有杂物、垃圾、淤积等，造成排水不畅或设施堵塞 | 每20m为一处，不足20m按一处计，独立涵洞计为一处 |
| | 排水设施损坏（不含涵洞） | 排水设施出现勾缝严重脱落、排水沟、截水沟、急流槽 | |

# 本规范用词用语说明

1 执行本规范时,对条文严格程度的用词,采用下列写法:

1)表示很严格,非这样做不可的用词,正面词采用"必须",反面词采用"严禁";

2)表示严格,在正常情况下均应这样做的用词,正面词采用"应",反面词采用"不应"或"不得";

3)表示允许稍有选择,在条件许可时首先应这样做的用词,正面词采用"宜",反面词采用"不宜";

4)表示有选择,在一定条件下可以这样做的用词,采用"可"。

2 引用有关标准的用语采用下列写法:

1)在规范总则中表述与相关标准的关系时,采用"除应符合本规范的规定外,尚应符合国家现行有关标准的规定"。

2)在规范条文及其他规定中,当引用的标准为国家和行业有关标准时,表述为"应符合《××××××》(×××)的有关规定"。

3 当引用本规范中的其他规定时,表述为"应符合本规范第×章的有关规定"、"应符合本规范第×.×节的有关规定"、"应符合本规范第×.×.×条的有关规定"或"应按本规范第×.×.×条的有关规定执行"。

附件

# 《公路路基养护技术规范》

(JTG 5150—2020)

条文说明

条 文 说 明

# 3 基本规定

## 3.1 养护管理要求

**3.1.1** 根据《公路养护工程管理办法》（交公路发〔2018〕33号）规定，日常养护不作为养护工程类型之一，一般不按项目进行管理，由各地自行制定相关管理办法。日常养护中的日常巡查指对路基进行经常性巡查，及时发现路基病害与异常情况；日常保养指对路基进行经常性清洁、整修路肩及边坡，疏通排水设施等；日常维修指对轻微或局部损坏的路基进行修复。

**3.1.4** 路基安全性评估主要是针对路基稳定性及安全影响的评估。

**3.1.6** 公路养护科学决策包括技术状况检测与评定、养护目标设定、养护需求分析、养护对策选择、养护规划与年度计划编制等环节，其目的是分类、分期地安排路基的养护工程，消除路基病害隐患，合理配置养护资金，使其使用效益最大化。

**3.1.9** 针对工程规模大、技术难度高、应用新技术等的路基养护工程，进行跟踪观测及技术总结，验证技术方案的合理性和可靠性，为其他类似工程提供借鉴。

**3.1.11** 路基养护作业安全需要按有关规定布置作业控制区，布设交通安全设施，加强现场养护作业管理，制定并严格执行安全技术措施与操作规程，落实养护作业文明施工制度，保障养护作业与车辆运行安全。

## 3.3 预防养护

**3.3.1** 目前公路路基大多采用被动治理的养护方式，一般是在路基出现严重病害，甚至发生灾害后才进行加固维修。路基预防养护的目的主要是防止病害快速发展，延长使用寿命，提高养护投资效益，保障路基安全。

**3.3.2** 定点观测或监测分别是采用人工或仪器设备定点采集路基病害发展相关数据。通过及时分析采集的数据，预测病害发展趋势，为维修加固决策及方案制订提供支持。

3.5 应急养护

**3.5.3** 突发性灾害是指由于恶劣气候引起的滑坡、塌方、垮塌、水毁等地质灾害。抢通保通是为尽快恢复交通采取的应急抢险措施，并在灾后修复养护工程完成前及时抢修，保障通畅。灾后修复养护是为全面恢复交通，对损毁路基进行的恢复处治工程。

# 4 路基状况调查与评定

## 4.1 一般规定

**4.1.1** 公路网级是指由省（自治区、直辖市）、市、县或各级经营管理单位养护管理范围内的所有等级公路组成的路网，其路基技术状况指数 SCI 来自年度公路网级路况调查与评定数据。

**4.1.2** 根据各地公路养护或日常养护管理办法，以及日常养护考核与评比相关规定，结合路基日常巡查记录和病害定点监测结果，每季度或半年组织一次路基技术状况指数 SCI 定性评价，必要时进行路基技术状况指数 SCI 的定量评定，用于指导日常养护工作安排，以及考核与评比各管养单位的日常养护成效。

**4.1.5** 路基技术状况指数 SCI 分别由路肩技术状况指数 VSCI、路堤与路床技术状况指数 ESCI、边坡技术状况指数 SSCI、既有防护及支挡结构物技术状况指数 RSCI、排水设施技术状况指数 DSCI 共五个分项指标组成。

## 4.2 路基病害类型

**4.2.2** 路肩是指路面边缘（含路缘石）至边坡变坡点之间的范围。条文第 1 款和第 3 款中包括中央分隔带病害。

## 4.4 技术状况评定

**4.4.8** 高速公路、一级公路的路面技术状况评定是按照上、下行方向分别评定，路基的技术状况评定与路面保持一致。

对于二级及二级以下公路的路基技术状况评定，按上、下行方向分别评分，并以较低的得分值计算路基技术状况指数 SCI，但需要将该评定路段上、下行方向的病害进行累计，评定结果用于指导路基的养护计划安排。

# 6 路基养护工程设计要求

## 6.1 一般规定

**6.1.2** 路基养护工程技术设计是指在数据采集和病害诊断的基础上,制订与比选维修加固方案。路基养护工程施工图设计是指在技术设计方案审查的基础上,进一步细化优化设计。一般需要与其他专业的养护工程设计共同组成施工图设计文件。

对路基养护工程技术设计方案进行审查时,要充分考虑路基现状、技术特点及适用性、养护成本、施工可行性、环境影响等因素,进行多方案的比选,注重采用多种技术相结合的措施,实现优势互补,保证养护处治效果。

条 文 说 明

# 7 路堤与路床病害处治

## 7.1 一般规定

**7.1.2** 沉降包括路堤沉降和地基沉降，其中路堤沉降的主要成因为填料使用不当、填筑方法不合理、压实度不足、外界水入渗等，地基沉降的主要成因为软弱地基未处理或处理效果不良等。开裂滑移的主要成因为地质条件不良、路基抗剪强度不足、排水设施不合理及其他特殊情况。冻胀翻浆的主要成因为路堤含水率过高、填料使用不当、排水不畅等。

**7.1.3** 增加综合排水设施、设置土工合成材料、加铺罩面为辅助处治措施。其中，增加综合排水设施适用于路床区易遭受水损坏的路段、冻胀翻浆路段，维修加固时需开挖路槽，增设排水渗沟或暗沟，加大加深边沟。设置土工合成材料适用于半填半挖路基；当挖方区为土质时，优先选用渗水性好的材料填筑，对挖方区路床范围内土质进行超挖回填碾压，并在填挖交界处的路床范围内铺设土工合成材料。加铺罩面适用于路床强度不足，路基沉降变形较小且路基、路面未出现破损的情况；选用该方案时，综合考虑路面加铺对交通运行、路面上部净空等的影响。

## 7.2 换填改良

**7.2.1** 换填改良是将不良土质清除并用稳定性好的土、石、工业废渣、建筑垃圾等材料进行回填并压实，或对原状土掺入石灰、水泥等化学改良剂进行土质改良。

## 7.3 注浆

**7.3.1** 注浆是钻孔植入注浆管，通过一定的注浆压力将浆液挤压入土体，对周围土体实施填充或压缩，提高土体密实度和承载能力。常用的注浆技术可分为压密注浆和袖阀管注浆两类。

压密注浆指在路基中钻孔后插入注浆管，待封孔达到强度后进行加压注浆。若土质较差易塌孔时，可在孔内植入带孔的硬质 UPVC 管进行压密注浆。压密注浆示意图如图 7-1 所示。

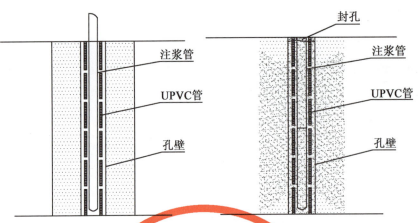

图 7-1 压密注浆示意图

袖阀管注浆同样是在路基中钻孔后插入注浆管来进行加压注浆，但注浆管包括注浆外管和注浆内管两种。其中，注浆外管每隔一定间距预留出浆口，并在出浆口处加设截止阀，注浆完成后外管将永久留在土体中。注浆时，将带封堵装置的注浆内管置入注浆外管内，对需要注浆部分进行注浆，在土体中形成以钻孔为核心的桩体，且在桩体外围土体裂隙中形成抗剪能力强的树根网状浆脉复合体。袖阀管注浆示意图如图 7-2 所示。

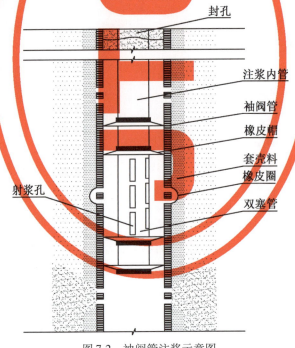

图 7-2 袖阀管注浆示意图

**7.3.5** 套壳料又称封闭泥浆，套壳料的基本功能为：封闭袖阀管与孔壁之间的环状空间，防止灌浆时浆液到处流窜，在橡皮袖阀管和封孔塞的配合下，迫使浆液只在一个灌段范围开环（即挤破套壳料）而进入地层。套壳料要求收缩性小，脆性较高，黏度较低，析水率较小，稳定性高，早期强度高。套壳料的主要材料为水泥与膨润土，水泥一般采用 32.5 级普通硅酸盐水泥或矿渣硅酸盐水泥。为了提高套壳料的脆性，建议掺入细砂或粉煤灰等。

**7.3.7** 由于浆液水分的浸湿作用，注浆后初期会引起路基强度临时降低，故不建议过早开放交通。建议根据工程实际情况，合理确定注浆养护时间。现有工程实践及试验表明，注浆3d后路基强度基本达到原路基的强度水平。下面根据注浆后路基强度增长规律试验进行解释说明。

向不同类型土中掺入7%的水泥，用于模拟注浆路基土，参照现行《公路土工试验规程》(JTG E40)测定掺入水泥后土体回弹模量随时间的变化规律，结果如图7-3所示。由图7-3可知，粉土和黏土养护时间不宜少于3d，砂土养护时间不宜少于5d。

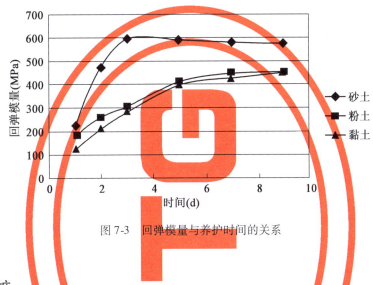

图7-3 回弹模量与养护时间的关系

## 7.4 钢管抗滑桩

**7.4.1** 钢管抗滑桩是指在钻孔中植入直径不大于30cm的空心钢管后，向管内灌入强度等级不低于C25的混凝土，管外灌注水泥砂浆，使桩周一定范围内的土体得到加固，形成钢管+水泥砂浆复合体的钢管抗滑桩，如图7-4所示。钢管抗滑桩具有抗弯拉强度较高、抗剪能力较强、施工简单、速度快、造价低等优点，在处治路堤浅层滑移中应用广泛，也可作为削坡减载、支挡结构物的基础支护或抗滑桩开挖的一种辅助性加固措施。

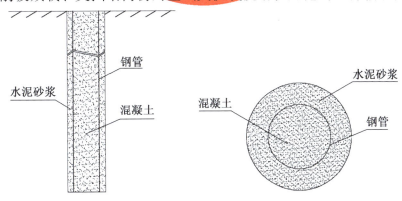

图7-4 钢管抗滑桩加固示意图

## 7.5 复合地基

**7.5.1** 复合地基常用技术分为碎石桩、水泥搅拌桩、CFG桩(水泥粉煤灰碎石桩)和预制管桩。碎石桩是以碎石(卵石)等为主要材料,通过振动密实制成的复合地基加固桩;水泥搅拌桩是利用水泥作为固化剂的主剂,采用搅拌桩机将水泥粉(浆)喷入土体并充分搅拌,使水泥与土发生一系列物理化学反应,从而提高地基强度;CFG桩是通过振动成孔,将水泥、粉煤灰、碎石、石屑或砂加水拌和形成的高黏结强度桩,和桩间土、褥垫层共同形成复合地基。

# 8 边坡病害处治

## 8.1 一般规定

**8.1.3** 棚洞是指明挖路堑后,构筑顶棚架并回填形成的洞身,可以提高路堑稳定性。进行边坡维修加固时,需要根据边坡病害类型及产生机理,选用推荐的一种或多种技术组合,也可辅以其他措施。

## 8.2 坡面防护

**8.2.1** 坡面防护包括植物防护、工程防护及其二者结合的综合防护。植物防护是通过创造植物生长环境,恢复受损边坡的生态系统,保护生态环境,提高水土保持能力;工程防护是通过支挡、压重、挂网防护等方式,提高边坡的抗冲蚀、抗风化性能,加强边坡稳定性,防止岩体崩塌、碎落。综合防护是利用植物防护、工程防护二者的各自优势形成的兼顾边坡稳定性与生态环境保护等功能的防护措施,其主要形式为骨架植物防护。

**8.2.3** 碎落台是在路堑边坡坡脚与边沟外侧边缘之间或边坡上,为防止碎落物落入边沟而设置的有一定宽度的纵向平台。对于石质边坡,主要功能为防止碎石塌落;对于土质边坡,主要功能为防止边坡、边沟冲蚀淤积及种植植物。碎落台宽度一般为1.0~1.5m,如兼有护坡作用可以适当放宽,碎落台上的堆积物需要定期清理。

## 8.3 沿河路基防护

**8.3.2** 冲刷防护是通过设置砌石护坡、抛石、石笼、浸水挡土墙、丁坝、顺坝等,对受水流直接冲刷的边坡进行防护。

## 8.4 挡土墙

**8.4.1** 挡土墙是在边坡坡脚设置一系列挡土结构物,增强边坡抗滑力,并对坡脚起到压重作用,保证边坡稳定。用于路基养护的常用挡土墙类型分为重力式挡土墙、锚杆挡土墙、桩板式挡土墙等。

**8.4.5** 逆施工法是指先施工锚杆、做好坡体临时支护及锚固段施工，然后开挖基础、砌筑墙身。

## 8.5 锚固

**8.5.1** 锚固是将锚杆、锚索等抗拉杆件的一端锚固在可靠的地层中，使其提供可靠的拉力和剪力，用来平衡土压力，增强坡体抗滑力，提高岩土体自身的强度及自稳能力。

## 8.6 钢筋混凝土抗滑桩

**8.6.1** 钢筋混凝土抗滑桩是穿过滑坡体深入滑床的桩柱，其作用是利用抗滑桩插入滑动面以下的稳定地层后产生的对桩的抗力（锚固力）来平衡滑动体的推力，增加其稳定性。钢筋混凝土抗滑桩适用于浅层和中厚层的滑坡，是一种抗滑处理的主要措施。

**8.6.3** 当抗滑桩悬臂长度较大或桩顶位移控制严格时，建议在桩顶附近增设预应力锚索（杆），改善桩的受力状况，能显著减小桩身配筋和桩顶位移。抗滑桩与预应力锚索（杆）结合，可以充分发挥桩身强度和锚索（杆）抗拉能力强的优点。通过在坡体施加预应力锚索（杆），可以增强坡体整体稳定性，充分发挥抗滑桩的作用。

## 8.7 削方减载

**8.7.1** 削方减载是在滑坡后缘采取减重措施以降低滑坡推力，以保证边坡处于稳定状态。

## 8.8 堆载反压

**8.8.1** 堆载反压通过在路基坡脚或滑坡前缘进行堆载，提高边坡的抗滑稳定性，使加固后的既有边坡满足预定功能。

# 9 既有防护及支挡结构物病害处治

## 9.2 既有防护工程

**9.2.6** 抛压片石防护处治时，抛石顺序先小后大，面层块石越大越好。抛石后稍加整理，用小石填塞孔隙，防止松动。堆石厚度一般为50~90cm。所用石料质地坚硬密实，无裂缝和尖锐棱角，其最小粒径不小于设计粒径的1/4，并有50%以上的石料达到设计要求。

## 9.3 既有挡土墙

**9.3.2** 除表9.3.2中的加固措施外，还可以采用削坡减载、截排水法、注浆法来处治轻微病害，或作为辅助措施与其他技术联合应用。

**9.3.3** 拆除重建前需要根据工程地质、周围环境条件进行详细设计，要采取措施保证拆除及重建过程中墙背填土的稳定性。

**9.3.7**

5 分层多次高压注浆，是在注浆孔的轴线方向，根据不同的承压条件布设多根注浆管，让浆液在不同的特定部位扩散，每一根注浆管注一次浆，有几根注几次。其作用机理为：①第一次低压注浆，浆液全部约束在锚杆内端部的周围，待其初凝后，可成为后续几次注浆的"止浆塞"；②第二次高压注浆，浆液在锚杆内端部扩散，并形成脉状浆体；③第三次高压注浆，浆液在张拉端的墙体内侧扩散，形成脉状浆体；④第四次注浆在第二次和第三次注浆浆液初凝后进行。前两次注浆已在墙体内形成隔离止浆带，既可防止墙面溢浆失压，又可防止注浆压力对墙面造成破坏，同时为进一步实施高压注浆创造了条件。第四次注浆达到设计压力，浆液得到有效扩散。

**9.3.9**

4 采用抗滑桩加固时，抗滑桩与挡土墙之间水平力的可靠传递是关键。当抗滑桩无法紧贴挡土墙时，可将桩与挡土墙之间的土体置换为现浇混凝土。

## 9.4 既有锚固结构

**9.4.1** 新增锚索(杆)补强法,亦称二次加密加固方法,是指在预应力锚固系统锚墩布置的空隙中央,仍按照原有类似布置方案重新施作预应力锚固结构。由于锚墩间距无法优化调整,考虑原有预应力杆体材料剩余作用的同时,慎重选择有利于保证岩土体局部稳定性和新预应力锚固结构耐久性的应力水平锚固体系,并优先考虑荷载分散性的锚固体系。

## 9.5 既有抗滑桩

**9.5.2** 对于外露式的抗滑桩,可采用增加预应力锚索的方法进行加固,如图 9-1 所示。如果外露段出现裂缝和露筋等现象,需要进行修复处理。增加预应力锚索只能限制桩身内力和裂缝宽度增大,并不会消除或减少已存在的变形破坏。

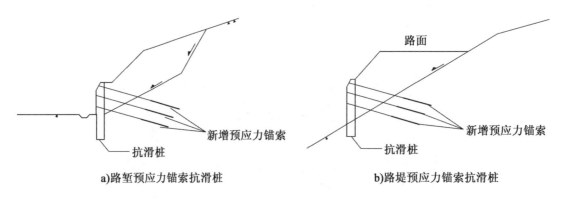

图 9-1　外露式抗滑桩增设预应力锚索加固示意图

**9.5.4** 既有抗滑桩主要有下列加固措施:
(1)增设抗滑桩进行减荷加固。

当滑面较深、需要提供较大的加固力时,可以增设抗滑桩进行加固,如图 9-2 所示。

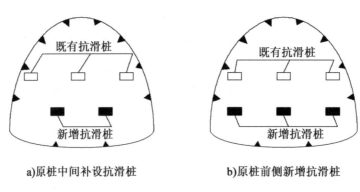

图 9-2

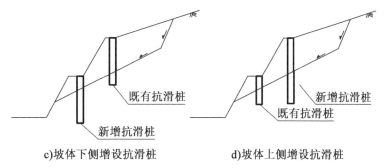

c) 坡体下侧增设抗滑桩　　　　d) 坡体上侧增设抗滑桩

图 9-2　增设抗滑桩加固示意图

（2）采用注浆加固措施进行减荷加固。

当滑面位置埋深较浅、滑坡范围较大时，可以采用竖向钢花管注浆方法进行加固，钢花管的设置如图 9-3 所示。

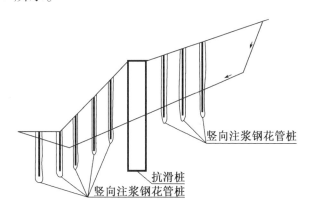

图 9-3　竖向钢花管注浆加固抗滑桩示意图

（3）采用预应力锚索（杆）框架进行加固。

预应力锚索框架可以通过施加预应力使原有抗滑桩的受力不再增加，采用预应力锚索框架进行减荷加固如图 9-4 所示。当需要的加固力较小时，也可以采用普通预应力锚杆框架进行加固。

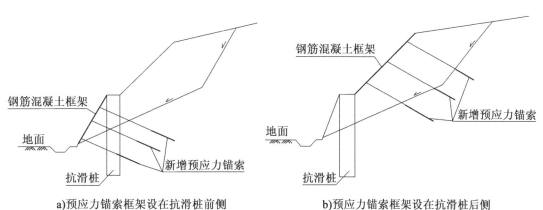

a) 预应力锚索框架设在抗滑桩前侧　　　　b) 预应力锚索框架设在抗滑桩后侧

图 9-4　预应力锚索框架加固抗滑桩示意图

# 10 排水设施养护

## 10.1 一般规定

**10.1.1** 春融特别是汛前，需要对排水设施进行全面检查、疏浚，及时排除堵塞物，疏导水流，保证排水设施水流畅通。暴雨后也要重点检查，如有冲刷、损坏，及时维修加固。

**10.1.3** 排水设施设置需要兼顾排水与行车安全。边沟横断面形式可采用三角形、浅碟形、梯形或矩形等。穿村镇、弯道、路堑边坡等路段的排水沟可设置盖板，其他路段的宽深边沟可增设护栏、示警桩等设施。

## 10.2 地表排水设施养护

**10.2.1** 地表排水设施包括边沟、截水沟、排水沟、涵洞、跌水、急流槽、蒸发池、油水分离池、检查井、排水泵站等。

## 10.3 地下排水设施养护

**10.3.1** 地下排水设施包括排水暗管、渗沟、渗井、渗水隧洞等，当发现排水口的流量变化有异常，或路面出现裂缝或凹凸时，及时检查地下排水设施，发现破坏需要进行维修或重修。

**10.3.2** 排水暗管主要有下列疏通方法：
（1）刮擦法。将采用聚氯乙烯硬管或竹条等制作成的清淤杆推入暗管内，刮出管内沉积物。
（2）冲洗法。用带射流管嘴的软管，把清水射入暗管内以松动沉积物，将其与射出的水一同排出暗管。
（3）真空吸附法。通过真空负压吸附清扫长距离暗管中的沉积物。

# 11 特殊路基养护与病害处治

## 11.1 一般规定

**11.1.1** 特殊路基包括特殊土(岩)路基、不良地质路基和特殊条件下路基。特殊土(岩)路基指位于软土、膨胀土(岩)、湿陷性黄土、盐渍土等特殊土(岩)地段的路基；不良地质路基指位于滑坡、崩塌与岩堆、岩溶区地段的路基；特殊条件下路基指受水、气候等自然因素影响强烈的路基，包括冻土、雪害、风沙及沙漠、涎流冰等区域的路基。特殊路基在建设过程中，由于地质勘察遗漏、处治方案不合理、施工质量缺陷等原因，易造成特殊路基路段在运营过程中病害频发，影响路面使用性能与安全。因此，需要加强特殊路基的养护管理与病害处治。

**11.1.3** 病害隐患指特殊路基或地基引起的潜在滑坡、崩塌等以及由此造成的工程结构较大变形、开裂等。

## 11.3 膨胀土路基

**11.3.3** 坡面封闭是采用土工膜等防水材料或非膨胀土来包盖处治范围内的路基膨胀土。将膨胀土封闭并把包盖土拍紧，阻隔外界水渗入，减少膨胀土路基湿度和温度变化。

## 11.4 湿陷性黄土路基

**11.4.3** 夯实法是在对发生下沉或陷穴的路堤部位进行开挖回填等加固处理后，对路基进行强夯或重夯，使土的密度增大，改善土的物理力学性质，以消除病害并减少路基后期变形。

桩挤密法是利用成孔时的侧向挤压作用，使桩间土得以挤密，随后将桩孔用石灰、水泥或碎石分层夯填密实，上部荷载由桩体和桩间挤密土共同承担。

## 11.5 盐渍土路基

**11.5.3** 地表水丰富、水文地质条件较差的路段，路基两侧需要增设护坡道，减少地表径流水(卤水)对路基的侵蚀，并对路基起保温作用，避免盐分伴随聚流上升。护坡道宽度不小于2m，横坡不小于路肩横坡。可以结合当地土质和植物生长情况，在护坡道上选择种植耐盐性的树木或草本植物以进行稳定。

排碱沟是设置在距路基坡脚或护坡道坡脚一定距离的排水边沟，起到脱盐、排水和降低地下水等作用。

设置隔断层是选用不透水材料铺于路基中部或下部，以隔断地下水，防止其上升到路基中部。

## 11.7 冻土路基

**11.7.5** 多年冻土区路基可以铺设高效保温层或防冻层。保温层采用导温性能差的材料（如泡沫塑料、苯乙烯海绵塑料混凝土、含有多孔填充料的轻混凝土等），并将其铺在土基内、土基顶面或路面结构层内。

常用保温材料有聚氨酯板、聚苯乙烯板或挤塑聚苯乙烯板等，保温层设置根据路堤高度、地表地温、地层含水情况计算确定，避免在高温季节进行铺设施工。通风管采用预制钢筋混凝土管、钢管或PVC管、EP双壁波纹管，埋设位置、有效孔径及间距需通过计算确定。采用热棒降温时，热棒直径和间距根据热棒类型、所采用的工质和地-气温差等因素通过计算确定，埋设完成后应按设计要求恢复上部路基及路面结构。

## 11.8 雪害地段路基

**11.8.1** 雪害地段路基主要病害类型分为风吹雪和雪崩。

## 11.9 风沙及沙漠地区路基

**11.9.1** 风沙及沙漠地区的路基病害主要是路基迎风坡的风蚀与背风坡的堆积沙埋，两者之中又以沙埋为主。沙埋主要有两种情况，一种是风沙流通过路基时，由于风速减弱，导致沙粒沉落、堆积、掩埋路基；另一种是由于沙丘移动而掩埋路基。风蚀是路基在风沙的直接吹蚀下，路基上的沙粒或土粒被风吹走，出现路基削低、掏空和坍塌等现象，从而引起路基的宽度和高度减小。风蚀的程度与风力、风向、路基形式、填料组成及防护措施有关。

风沙及沙漠地区路基防护措施分为植物防沙和工程防沙。植物防沙措施包括植草护坡和设置植被保护带。工程防沙措施包括碎石护坡、设置风力堤、挡沙墙等各种沙障。根据风沙范围、对路基危害程度、风化活动特征、水文地质条件等因素，也可以采取工程防沙与植物防沙相结合的综合治理措施。

## 11.10 涎流冰地段路基

**11.10.1** 涎流冰地段路基病害主要包括路面聚冰、排水设施堵塞。

# 第二课

## 一 写生词

| 忌 | | | | | | | | | | | |
|---|---|---|---|---|---|---|---|---|---|---|---|

| 输 | | | | | | | | | | | |
|---|---|---|---|---|---|---|---|---|---|---|---|

| 垂 | 头 | 丧 | 气 | | | | | | | | |
|---|---|---|---|---|---|---|---|---|---|---|---|

| 失 | 败 | | | | | | | | | | |
|---|---|---|---|---|---|---|---|---|---|---|---|

| 锣 | | | | | | | | | | | |
|---|---|---|---|---|---|---|---|---|---|---|---|

| 赢 | | | | | | | | | | | |
|---|---|---|---|---|---|---|---|---|---|---|---|

| 顺 | 序 | | | | | | | | | | |
|---|---|---|---|---|---|---|---|---|---|---|---|

## 二 组词

齐_____     赛_____     将_____     输_____

赢_____     失_____     序_____     锣_____

各_____     调_____     级_____     场_____

垂_____              转_____

## 三 抄写课文(包括标点符号)

这下,田忌赢两场输一场,赢了齐威王。还是原来的马,只调换了一下出场顺序,就可转败为胜。

## 四 写出反义词

输—— 强—— 胜——

得意洋洋——

## 五 选择填空(把词语写在空白处)

1. 田忌和齐王赛_____。(篮球 足球 马 游泳)

2. 爸爸到银行去换_____。(钱 衣服 房子)

3. 我们在车站排队按_____上车。(顺序 顺路)

4. 我_____来看看你。(顺序 顺路)

5. 田忌是齐国的_____。(将军 将来)

## 六 根据课文判断对错

1. 齐威王和孙膑(bìn)赛马。 ___对___错

2. 第一次比赛，田忌三场都输了。 ___对___错

3. 田忌有个好朋友叫孙膑。 ___对___错

4. 田忌得意洋洋地夸自己的马。 ___对___错

5. 田忌在孙膑的帮助下赢了齐威王。 ___对___错

## 七 造句

1. 夸_____

2. 整齐_____

3. 不服气_____

4. 正在_____

## 八 根据阅读课文回答问题

1. 什么是甲骨文？

_____

2. 什么是金文？

_____

## 九 缩写《田忌赛马》(最少五句)

## 十 朗读课文三遍

## 第四课

一 写生词

| 侮 | 辱 | | | | | | | | | | | |
|---|---|---|---|---|---|---|---|---|---|---|---|---|
| 显 | 示 | | | | | | | | | | | |
| 矮 | 小 | | | | | | | | | | | |
| 访 | 问 | | | | | | | | | | | |
| 袖 | 子 | | | | | | | | | | | |
| 既 | 然 | | | | | | | | | | | |
| 规 | 矩 | | | | | | | | | | | |
| 犯 | 罪 | | | | | | | | | | | |
| 强 | 盗 | | | | | | | | | | | |
| 柑 | 子 | | | | | | | | | | | |
| 取 | 笑 | | | | | | | | | | | |
| 尊 | 重 | | | | | | | | | | | |

## 二 组词

使_____ 取_____ 侮_____ 显_____

访_____ 矮_____ 迎_____ 袖_____

派_____ 规_____ 柑_____ 犯_____

盗_____ 尊_____ 既_____ 威_____

## 三 抄写课文（包括标点符号）

晏子说："我国有个规矩：访问上等的国家，就派上等人去；访问下等的国家，就派下等人。我最不中用，就派到这儿来了。"

## 四 选择填空(把词语写在空白处)

1. 姐姐在书店里_____。(传　转来转去)

2. 请把写字本_____过来。(传　专)

3. 楚王跟晏子说话冷冷的,好像不_____他。

(欢迎　迎接)

4. 同学们为了_____新年,买了很多糖、点心和汽水,准备开一个晚会。(欢迎　迎接)

5. 我们的车正朝着山的_____开。(访问　方向)

6. 欧洲大学生代表团_____了中国的许多城市。

(访问　方向)

## 五 根据课文判断对错

1. 春秋时期,楚王派晏子出使齐国。　　　___对___错

2. 楚王知道晏子身材矮小,让晏子从墙洞钻进去。　　　___对___错

3. 晏子说:"我要访问'狗国'才钻狗洞。"　___对___错

4. 开始楚王看不起晏子。　　　___对___错

5. 晏子比楚王聪明多了。　　　___对___错

## 六 造句

例句　1. 楚王说："既然有这么多人，为什么让你来呢？"
　　　2. 书上的字太小，看不清楚。
　　　3. 学生应该尊敬老师。
　　　4. 上课有个规矩：要举手才能说话。

1. 既然_____
2. 清楚_____
3. 尊敬_____
4. 规矩_____

## 七 根据阅读课文判断对错

1. 北宋时候，出了一位清官叫包公。　　　___对___错
2. 包公就是"包青天"。　　　　　　　　　___对___错
3. 告状的农民叫刘全。　　　　　　　　　___对___错
4. 包公对刘全说："你回去把猪宰了卖肉吧。"
　　　　　　　　　　　　　　　　　　　 ___对___错
5. 当时官府是让杀耕牛的。　　　　　　　___对___错
6. 坏人被包公抓到了。　　　　　　　　　___对___错

八 缩写《晏子使楚》(最少五句)

九 朗读课文三遍

# 第六课

一 写生词

| 韩 | | | | | | | | | | | |
|---|---|---|---|---|---|---|---|---|---|---|---|
| 报仇 | | | | | | | | | | | |
| 吃惊 | | | | | | | | | | | |
| 礼貌 | | | | | | | | | | | |
| 懂 | | | | | | | | | | | |
| 拾 | | | | | | | | | | | |
| 恭敬 | | | | | | | | | | | |
| 善良 | | | | | | | | | | | |
| 耐心 | | | | | | | | | | | |
| 道歉 | | | | | | | | | | | |
| 消息 | | | | | | | | | | | |
| 姜 | | | | | | | | | | | |

| 熟 | 悉 | | | | | | | | | | | |
| 刘 | 邦 | | | | | | | | | | | |
| 推 | | | | | | | | | | | | |

二 组词

功____  惊____  刺____  耐____

仇____  貌____  拾____  忍____

善____  导____  歉____  碰____

悉____  懂____  约____  消____

恭____  礼____  珍____  认____

三 抄写课文(包括标点符号)

天刚亮张良就起床,赶到桥头,谁知老人已等在那里了。他见张良这时候才来,生气地说:"年轻人,跟老人约会,就该早点来。"

| | | | | | | | | | | | | |
| | | | | | | | | | | | | |
| | | | | | | | | | | | | |

四 选字组词

善(良 狼)　　（冬 终）于　　（熟 热）悉

报(仇 九)　　（伸 申）手　　（忍 刀）耐

出(汉 汗)　　（汉 汗）字　　（消 悄）息

五 选词填空（把词语写在空白处）

教导　道歉　熟了　报纸

1. 每天早上，我喜欢一边吃早饭一边看_____。

2. 树上的苹果_____。

3. 老师和父母常常_____我们要爱护自然。

4. 小弟弟把哥哥的作业弄(nòng)脏了，他连忙向哥哥_____。

六　词语解释

　　教导——

　　道歉——

　　终于——

　　熟悉——

七　根据课文判断对错

　　1. 张良是秦汉时期的人，是汉朝的开国功臣。

　　　　　　　　　　　　　　　　　　　　　　___对 ___错

　　2. 张良原是韩国人，一心想刺杀秦始皇。　　___对 ___错

　　3. 张良恭恭敬敬地给老人穿上鞋。　　　　　___对 ___错

　　4. 张良碰上了没学问的老人。　　　　　　　___对 ___错

　　5. 老人给张良一把非常珍贵的刀。　　　　　___对 ___错

　　6. 张良帮助刘邦推翻了汉朝，建立了秦朝。　___对 ___错

八　造句

　　耐心_____

约会＿＿＿＿＿＿＿＿＿＿＿＿＿＿＿＿＿＿＿＿＿＿

干干净净＿＿＿＿＿＿＿＿＿＿＿＿＿＿＿＿＿＿＿

## 九 根据阅读课文判断对错

1. 一天,几个人家里的东西被偷走了。　　　＿＿对＿＿错

2. 县官抓来几个可疑的人,但他们都说没偷。　＿＿对＿＿错

3. 城里古庙里有一口大钟,可神了!　　　　　＿＿对＿＿错

4. 县官想出了一个办法:让钟来审(shěn)。　　＿＿对＿＿错

5. 县官让他们一起进屋里去摸钟。　　　　　　＿＿对＿＿错

6. 大钟一直没有出声音。　　　　　　　　　　＿＿对＿＿错

7. 县官要看看每个人的手。　　　　　　　　　＿＿对＿＿错

8. 只有一个人的手是干干净净的,他就是偷东西的人。　＿＿对＿＿错

## 十 朗读课文三遍

# 第八课

一 写生词

| 茄 | 子 | | | | | | | | | | |
| 急 | 匆 | 匆 | | | | | | | | | |
| 踩 | | | | | | | | | | | |
| 摘 | | | | | | | | | | | |
| 折 | 断 | | | | | | | | | | |
| 承 | 认 | | | | | | | | | | |
| 喊 | 冤 | | | | | | | | | | |
| 爱 | 惜 | | | | | | | | | | |
| 劈 | | | | | | | | | | | |

## 二 组词

民____  茄____  分____  承____

惜____  确____  冤____  认____

粗____  劈____  匆____  摘____

容____  折____

## 三 抄写课文（包括标点符号）

他赶快跑到自己的菜地一看，地被踩得乱七八糟，茄子被摘走了好多，有好几棵茄子秧连枝都被折断了。

|  |  |  |  |  |  |  |  |  |  |  |  |  |  |
|--|--|--|--|--|--|--|--|--|--|--|--|--|--|
|  |  |  |  |  |  |  |  |  |  |  |  |  |  |
|  |  |  |  |  |  |  |  |  |  |  |  |  |  |
|  |  |  |  |  |  |  |  |  |  |  |  |  |  |
|  |  |  |  |  |  |  |  |  |  |  |  |  |  |

## 四 选字组词

一（枝 支 技）  树（枝 支 技）

（枝 支 技）术  （平 苹 评）果

（平 苹 评）理  和（平 苹 评）

(采　彩　踩)虹　　　　　云(采　彩　踩)

(采　彩　踩)地　　　　　承(人　识　认)

五　选词填空(把词语写在空白处)

农民　农村　菜地　白菜　饭菜

1. 我的爷爷是一个_____，他一直住在_____。

2. 爷爷家的后院有一块不大的_____，那里种着许多菜：有茄子、冬瓜和_____。

3. 在爷爷家，奶奶给我们做了好吃的_____。

六　根据课文选择填空(把词语写在空白处)

1. 农民的菜地里种的是_____。

　A 白菜　　　B 黄瓜　　　C 茄子　　　D 豆子

2. 一个青年挑着两筐茄子_____地走了。

　A 慢慢　　　B 高高兴兴　　　C 急匆匆

3. 农民看见地被踩得_____，茄子被摘走了好多。

　A 整整齐齐　　B 乱七八糟

4. 他_____了那个青年。

　A 追上　　　B 跑上　　　C 跳上

5. 两个人拉拉扯扯就去找县官_____。

    A 学习　　　　　B 议论　　　　　C 评理

6. 那个青年也_____。

    A 喊冤　　　　　B 喊叫

7. 县官_____一声说："是你偷的！"

    A 大笑　　　　　B 冷笑　　　　　C 苦笑

## 七　造句

乱七八糟_____

爱惜_____

承认_____

## 八　给下面的一段话点上标点

这时候王爷爷回来了　看见小树苗倒了几棵　就问是谁把小树苗弄坏了　我赶快躲进屋里　哥哥全明白了　对王爷爷说　是我妹妹弄倒的　真对不起　一会儿我给您bǔ补上几棵　王爷爷说　没关系　不用了　吃过饭　哥哥把我家的几棵小树苗给王爷爷补种上了

九 根据阅读课文判断对错

1. 王戎是中国古代著名的文人。　　　　　___对___错

2. 王戎7岁时,和小朋友出去玩,看见一
棵桃树。　　　　　　　　　　　　　___对___错

3. 王戎飞快地向李子树跑去。　　　　　___对___错

4. 王戎爬到树上摘了不少李子。　　　　___对___错

5. 小朋友把李子给王戎,可是王戎没有吃。___对___错

6. 王戎说:"我知道这里有棵李子树。"　　___对___错

7. 王戎是个聪明的孩子。　　　　　　　___对___错

十 朗读课文三遍

第二课听写

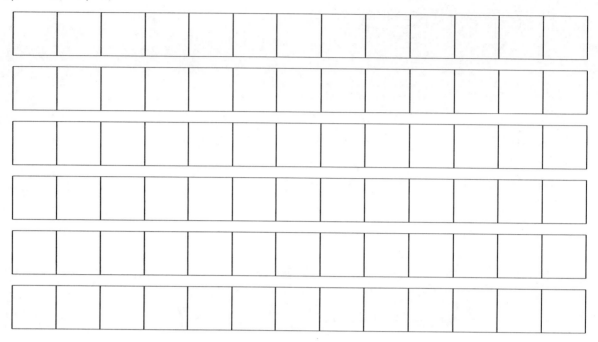

第四课听写

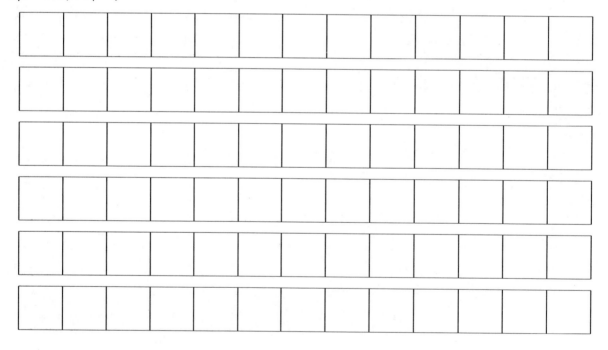

第六课听写

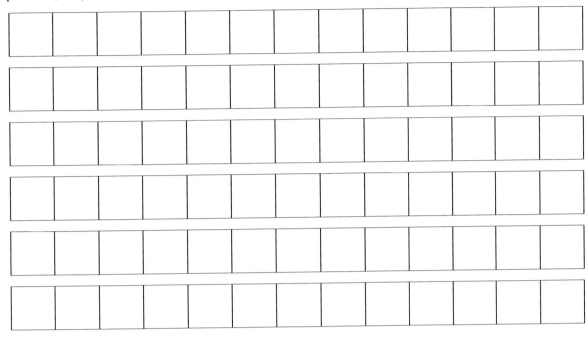

第八课听写

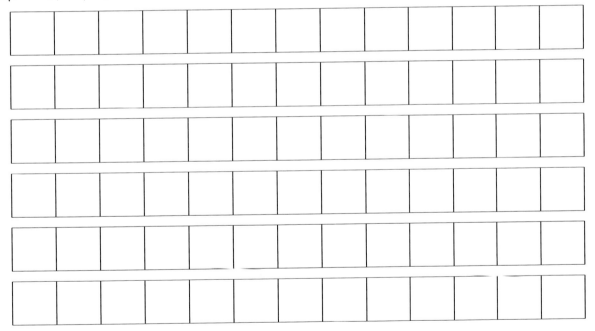

中国古代故事

练习纸